LE MONDE SELON K.

Du même auteur

Pétrole, la 3ᵉ guerre mondiale, Calmann-Lévy, 1974.
Après Mao, les managers, Fayolle, 1977.
Bokassa Iᵉʳ, Alain Moreau, 1977.
Les Émirs de la République, en collaboration avec Jean-Pierre Séréni, Seuil, 1982.
Les Deux Bombes, Fayard, 1982 ; nouvelle édition, 1991.
Affaires africaines, Fayard, 1983.
V, l'affaire des « avions renifleurs », Fayard, 1984.
Les Chapellières, Albin Michel, 1987.
La Menace, Fayard, 1988.
L'Argent noir, Fayard, 1988.
L'Homme de l'ombre, Fayard, 1990.
Vol UT 772, Stock, 1992.
Le Mystérieux Docteur Martin, Fayard, 1993.
Une jeunesse française, François Mitterrand, 1934-1947, Fayard, 1994.
L'Extrémiste, François Genoud, de Hitler à Carlos, Fayard, 1996.
TF1, un pouvoir, en collaboration avec Christophe Nick, Fayard, 1997.
Vies et morts de Jean Moulin, Fayard, 1998.
La Diabolique de Caluire, Fayard, 1999.
Bethléem en Palestine, en collaboration avec Richard Labévière, Fayard, 1999.
Manipulations africaines, Plon, 2001.
Dernières volontés, derniers combats, dernières souffrances, Plon, 2002.
Marcel Dassault ou les ailes du pouvoir, en collaboration avec Guy Vadepied, Fayard, 2003.
La Face cachée du Monde. *Du contre-pouvoir aux abus de pouvoir*, en collaboration avec Philippe Cohen, Mille et une nuits, 2003.
Main basse sur Alger : enquête sur un pillage, juillet 1830, Plon, 2004.
Noires Fureurs, blancs menteurs : Rwanda 1990-1994, Mille et une nuits, 2005.
L'Accordéon de mon père, Fayard, 2006.
L'Inconnu de l'Élysée, Fayard, 2007.
Une blessure française, Fayard, 2008.

Pierre Péan

Le monde selon K.

Fayard

ISBN : 978-2-213-64372-4

*« C'est curieux, chez les marins,
ce besoin de faire des phrases... »*

Les Tontons flingueurs

Les maillots blancs, puis les bleus surgissent sur la pelouse du Stade de France où va se jouer dans les prochaines minutes la demi-finale de la Coupe du monde de rugby 2007. Le numéro 15, Jason Robinson, sort de son groupe et se fait applaudir au milieu du terrain pour sa cinquantième sélection dans l'équipe nationale anglaise, puis tous les rugbymen se mettent en ligne pour les hymnes nationaux.

Il est près de 21 heures, ce samedi 13 octobre 2007. Les dix convives installés en mezzanine au premier étage de ce restaurant de Trouville jettent un regard distrait au grand écran plaqué contre le mur. Les femmes se sont enflammées à l'évocation de Johnny Wilkinson, la star du XV de la Rose, qu'elles viennent d'apercevoir. La caméra montre les sept remplaçants anglais en haut de survêtement rouge qui vont rejoindre les bancs de touche, quand les premières paroles du *God Save the Queen* sortent des gorges des joueurs. Tel un automate jaillissant brutalement de sa boîte, Bernard Kouchner, comme mû par une urgence absolue, bondit et se met au garde-à-vous, la main droite sur le cœur. Figé, l'air grave, il écoute religieusement l'hymne britannique sous le regard mi-narquois, mi-interloqué des autres convives. Le *God Save* s'achève. La caméra « panote » vers les tribunes, puis, une fois *La Marseillaise* entonnée, revient sur les deux équipes. Le ministre des Affaires étrangères de la République française laisse sa main retomber et détourne le regard de l'écran où, après quelques images des joueurs, l'objectif fixe en gros plan Nicolas Sarkozy chantant à pleins poumons. Bernard Kouchner se remet à table sans même avoir fredonné quelques mesures de l'hymne national pour mêler sa voix aux accents virils de Chabal et Michalak...

Bernard Kouchner reprend langue avec le noyau des *happy few* organisateurs et invités de marque du Women's Forum qui s'est ouvert le 11 octobre et s'est terminé quelques heures plus tôt par son discours[1] au Centre international de Deauville. Fondé par Aude Zissenis de Thuin[2] et quelques femmes de

---

1. Sur le thème suivant : « Est-il possible de réconcilier les impératifs moraux et humanitaires avec la *realpolitik* et la défense des intérêts nationaux ? »

2. Pour l'état-civil, elle est plus simplement Aude Leroux.

pouvoir, le Women's Forum est cofinancé par de grosses entreprises comme Areva, Orange, La Poste, Cartier, Renault, etc., et des cotisations individuelles de l'ordre de 5 000 euros. Le Forum a pour objectif de créer un *establishment* féminin à caractère mondial en organisant un certain nombre de rencontres prestigieuses. L'affaire semble être également une belle machine à faire de l'argent. Au cours de ces trois journées, Christine Ockrent, qui fait partie du *board* de Women's Forum et collabore étroitement avec Aude de Thuin, a « modéré » deux *panels* sur des thèmes qui ne manquent pas de sel pour une journaliste contestée quelques jours plus tôt pour ses « ménages » et pour le problème que pose à une femme de ministre sa position d'animatrice d'émission politique sur France 3. Le premier : « Nous faisons confiance aux médias... ou devrions-nous le faire ? » Le second, encore plus humoristique si faire se peut : « Qu'est-ce que les femmes devraient attendre des leaders politiques pour restaurer la confiance dans notre système de gouvernance ? »

Après ces deux « ménages » de Mme Kouchner et le discours de clôture de Monsieur, Aude de Thuin a convié le couple à dîner aux côtés de Carlos Ghosn, président de Renault, et de sa femme, d'Anne Lauvergeon, présidente d'Areva, de son mari et de ses enfants, de Rama Yade, secrétaire d'État chargée des droits de l'homme, et de son mari, de Mercedes Erra, présidente d'Euro RSCG, directrice de Havas et membre du *board* de Women's Forum, et d'un couple de ses amis. Aude de Thuin, euphorique, s'esclaffe à tout propos. La femme du patron de Renault, patraque, ne participe guère à la conversation qui s'est peu à peu fractionnée autour de la longue table.

L'Angleterre bat la France 15 à 9...

I

L'icône et *La Marseillaise*

On ne touche pas à une icône.

Bernard Kouchner en est une depuis longtemps. Même si cela fait de nombreuses années qu'il a abandonné sa blouse blanche, les Français – en tout cas, l'opinion que leur prêtent les instituts de sondage, notamment le fameux baromètre annuel IFOP-JDD des personnalités les plus aimées – ne le perçoivent pas comme un politicien ordinaire, mais comme un bon *French doctor*. Un héros contemporain qui brave tous les dangers pour aller soulager la misère des victimes à l'autre bout du monde. Une version laïque, postmoderne, de l'abbé Pierre dont il se proclamait d'ailleurs volontiers l'ami. Cette image est si bien ancrée dans le public que Bernard Kouchner est probablement le seul homme politique français à pouvoir se permettre de faire la promotion de son biographe et de sa biographie[1] sur les plateaux de télévision sans susciter une vague de réactions indignées de la presse et de la classe politique.

On ne peut donc qu'hésiter à égratigner cette image pieuse, même si – comme c'est mon cas – on ne partage pas l'enthousiasme d'une grande majorité de nos concitoyens à son endroit. L'attirance quasi caricaturale de Bernard Kouchner pour les caméras, les journalistes – du moins ceux qui l'apprécient ou le célèbrent – et la messe du 20 heures, bref, son narcissisme aussi exacerbé que décomplexé ne saurait faire bon ménage avec les valeurs qui m'ont été autrefois inculquées par ma mère qui me recommandait quand j'étais petit de ne pas « faire l'intéressant » et de « rester à ma place ». Ce sont sans doute ces réminiscences de ma propre éducation qui m'ont fait tiquer lorsque, à la fin de l'année 1992, on le vit, un sac de riz sur l'épaule, poser à Mogadiscio devant les caméras ; j'ignorais pourtant qu'il avait répété trois fois la scène[2]. M'ont aussi choqué son soutien aux deux guerres d'Irak, celle de 1991 comme celle de 2003, et plus généralement son côté « va-t-en-guerre ». Bernard Kouchner a été le plus ardent promoteur

---

1. Michel-Antoine Burnier, *Les Sept Vies du Dr Kouchner*, XO Éditions, Paris, 2008.

2. http://www.agoravox.fr/article.php3 ?id_article=24548

du fameux droit d'ingérence dont il reviendra aux historiens d'établir à quel point il a contribué à dégrader l'art de la diplomatie et les chances de paix dans le monde.

Mais ceux qui m'ont fait l'honneur de lire mes livres le savent : je ne postule à aucune chaire, je n'ai pas de thèse générale à défendre. Le seul talent que je me reconnaisse consiste à chercher et parfois à trouver des documents et/ou des témoignages susceptibles d'infléchir, voire d'infirmer des vérités officielles.

La vérité officielle sur Bernard Kouchner, sa prétention réitérée à être l'homme de la paix, l'avocat des plus faibles, le défenseur pugnace de la démocratie et des droits de l'homme[1] est sérieusement écornée par son comportement pratique en Afrique. Heureusement pour lui, son action sur le continent noir suscite peu de comptes rendus, de commentaires ou d'analyses. L'Afrique est devenue son jardin secret depuis que l'homme prétend agir sur les grands conflits qui écartèlent le monde. En Afrique, cepen-

---

1. Tout au moins jusqu'à son interview au *Parisien* du 10 décembre 2008 dans lequel, tournant le dos à tous ses discours passés, il a déclaré : « Je pense que j'ai eu tort de demander un secrétariat d'État aux droits de l'homme. C'est une erreur. Car il y a contradiction permanente entre les droits de l'homme et la politique étrangère d'un État, même en France. »

dant, Kouchner porte toujours un sac. Mais ce sac ne contient pas de riz, et, s'il le porte, c'est à l'écart des caméras. Mais n'anticipons pas...

C'est à propos du Rwanda et de la nouvelle politique qu'il mène à l'égard de ce pays depuis son arrivée au Quai d'Orsay que je me suis *vraiment* intéressé à ce personnage. Mon livre sur le Rwanda, *Noires fureurs, blancs menteurs* [1], m'avait amené à revenir sur une autre vérité officielle aux termes de laquelle, et pour l'éternité, tous les Hutus étaient des bourreaux, et tous les Tutsis des victimes, et la France avait aidé les premiers à mener à bien l'extermination des seconds. Or, cas unique dans l'histoire récente de la diplomatie de notre pays, peu de temps après son arrivée au Quai d'Orsay, en mai 2007, Bernard Kouchner décidait de tendre la main à un chef d'État qui non seulement est le maître d'œuvre de la désinformation sur la tragédie rwandaise, mais est considéré par la justice française comme un criminel de guerre et par la justice espagnole comme un génocidaire. J'ai été choqué d'apprendre que le 26 juillet 2007, le ministre des Affaires étrangères avait pris langue (par téléphone) avec Paul Kagame pour envisager les voies et moyens de renouer les relations diplomatiques ; choqué qu'il lui ait proposé de lui rendre visite à Kigali ; encore plus choqué que

1. Mille et une nuits, 2005.

l'Élysée ne s'y soit pas opposé malgré les très fortes réserves émanant du ministère de la Défense ; choqué que le chef de notre diplomatie souhaite aussi ardemment réconcilier la France avec un pays qui avait pris l'initiative de rompre ses relations avec elle en guise de représailles pour les neuf mandats d'arrêt lancés par le juge Bruguière contre l'entourage du président rwandais. Selon le juge français, Paul Kagame serait bel et bien, en effet, à l'origine de l'attentat perpétré contre le Falcon 50 à bord duquel ont péri son prédécesseur, le président Juvénal Habyarimana, mais aussi trois Français ; attentat dont le juge Bruguière a écrit que le seul but était « l'obtention de la victoire totale, et ce, au prix du massacre des Tutsis dits "de l'intérieur" », considérés par Paul Kagame comme des « collaborateurs du régime Habyarimana ». Depuis lors, chacun a pu le constater, cet homme avec qui le chef de la diplomatie française veut à tout prix réconcilier Paris ne s'est pas contenté de faire ployer sous son joug la population du Rwanda, en majorité hutue, mais il a mis l'ex-Zaïre à feu et à sang – quatre, peut-être cinq millions de morts – et il pille les richesses du Kivu en apportant son soutien aux milices de Laurent Nkunda[1].

Un ministre est censé représenter la République

---

1. http://www.bakchich.info:8080/article5637.html et *Vendredi* du 7 novembre 2008.

dans tous ses actes et témoigner de la continuité de l'État. En militant ouvertement pour une réconciliation avec le dictateur de Kigali, Bernard Kouchner néglige, méprise, insulte même tous les hommes politiques, les militaires et les juges français que Paul Kagame traite depuis des années de « génocidaires ». Celui-ci n'a-t-il pas qualifié[1] le juge Bruguière de « vaurien, une tête vide, tout comme ses maîtres, d'ailleurs, qui portent tous en eux le crime de génocide, et c'est ce crime qui les perdra » ?

J'ai trouvé insupportable que, durant le même été 2007, Bernard Kouchner donne des gages de bonne volonté à Kigali en acceptant qu'à deux reprises des mandats d'arrêt exigés par Kigali soient lancés par le TPIR[2] contre deux Rwandais.

Mon premier réflexe, pour dire mon indignation face à l'attitude de Bernard Kouchner, a été d'écrire une tribune dans la rubrique « Rebonds » du quotidien *Libération*, publiée le 11 septembre 2007 et intitulée « L'erreur de Kouchner ». Depuis la fin de l'été 2007, le ministre des Affaires étrangères n'a eu de cesse de se démener pour donner satisfaction à Kagame qui exige, pour se réconcilier avec Paris, l'enterrement de l'instruction menée par le juge Bruguière et des mandats d'arrêt qu'il a délivrés. Un

---

1. Dans un discours prononcé le 7 avril 2007 à Murambi.
2. Tribunal pénal international pour le Rwanda.

groupe téléphonique formé de deux fonctionnaires du Quai d'Orsay et du procureur du Rwanda a même été chargé d'examiner les voies et moyens de réduire à néant cette instruction du juge Bruguière. Mais alors même qu'était trouvée la solution[1], le Rwanda lançait, le 5 août 2008, une virulente attaque contre la France. Le rapport Mucyo[2] accusait François Mitterrand, trois anciens Premiers ministres, Dominique de Villepin, Édouard Balladur et Alain Juppé, mais aussi Hubert Védrine, Paul Dijoud, quelques hauts fonctionnaires et une douzaine d'officiers supérieurs de complicité de génocide, et annonçait le lancement de mandats d'arrêt correspondants. Afin de ne pas entraver le processus de réconciliation, Bernard Kouchner estima inutile d'élever une forte protestation pour démentir ces mensonges aussi grossiers qu'insupportables. Les autorités françaises acceptaient ainsi une nouvelle fois de laisser Kagame salir la France, la

---

1. En faisant venir à Paris Rose Kabuye, la moins impliquée des neuf personnes faisant l'objet d'un mandat d'arrêt, et en lui garantissant qu'elle ne serait pas incarcérée. Cette venue permettant au Rwanda d'avoir accès au dossier Bruguière et d'avoir tout loisir d'échafauder les faux témoignages destinés à le rendre inopérant.

2. Jean de Dieu Mucyo, ancien ministre de la Justice et ancien procureur général du Rwanda, présidait la Commission nationale « indépendante » chargée de rassembler les preuves montrant l'implication de l'État français dans le génocide.

presse ayant en effet largement reproduit les viles attaques de Kigali sans pouvoir y opposer de réplique officielle.

L'attitude de Bernard Kouchner levait mes dernières hésitations. Une nouvelle tribune libre n'eût pas suffi à exprimer ce que j'avais sur le cœur, ni ce que je découvrais ou redécouvrais sur le personnage depuis que je m'intéressais *vraiment* à lui, cette fois en dépassant très largement le cadre de sa gestion du dossier rwandais.

Kouchner, qui a bâti sa renommée de *French doctor* sur une opposition permanente à la raison d'État, n'a pas hésité, dans cette affaire rwandaise, à mettre le poids de l'État dans la balance pour donner satisfaction à son ami dictateur. Lui qui a passé sa vie à se forger une image de « chevalier blanc », morale et vertu au poing, traite la justice – incarnée ici par le juge Bruguière – comme on le fait dans les républiques bananières. Une telle attitude oblige à aller au-delà de l'image qu'il veille à donner aux Français. De comprendre les mobiles et ressorts qui l'animent. D'analyser son *sansfrontièrisme* et son vrai rapport à la France. Comment concilie-t-il ses impératifs moraux et humanitaires avec la *realpolitik* et la défense des intérêts nationaux ? (thème de sa conférence au Women's Forum 2007). Que signifiait son garde-à-vous lors du *God Save the Queen*, suivi d'une ostensible indifférence lors de l'hymne national ? Pitrerie ? Provocation ? Bernard est-il vraiment ce type altruiste, généreux – c'est l'image qu'ont encore de lui la majorité des Français –, capable, en cet instant de chauvinisme exacerbé qu'est un match de rugby, de trouver les ressources morales pour penser d'abord à l'adversaire du jour et lui rendre hommage ? Faut-il voir au contraire dans cette attitude une forme de « haine de soi » ?

Bien au-delà de ce vibrant hommage et du pied de nez symbolique à l'équipe de son propre pays, c'est bien sûr par son attitude à l'égard de Paul Kagame et par son traitement du dossier rwandais que Bernard Kouchner, à sa manière, siffle *La Marseillaise*. Mais, à la différence des petits beurs du Stade de France, il n'est pas un siffleur occasionnel. Et ses sifflements me vrillent tant et si bien les oreilles que j'ai décidé d'en savoir un peu plus long sur l'occupant du bureau de Vergennes. Pour autant, je n'ai pas du tout l'intention d'explorer ses sept vies, comme l'a fait Michel-Antoine Burnier, son hagiographe[1].

Il ne m'a pas fallu beaucoup de temps pour constituer un dossier conséquent sur les distorsions entre son image de « chouchou des Français » et une réalité qui va bien au-delà de ses démarches visant à s'attirer les bonnes grâces du *serial killer* africain. Pour notre

---

1. Avec *Les Sept Vies du Dr Kouchner*, *op. cit.*

pays, Bernard Kouchner constitue en réalité, à mes yeux, un danger public. Tant qu'il était en blouse blanche, voire secrétaire d'État ou ministre de la Santé, l'« aventurier des bonnes causes », le « parachutiste du malheur » ne faisait pas prendre de trop grands risques aux Français. Depuis qu'il est à la tête d'un grand ministère régalien, les Français seraient bien davantage fondés à s'inquiéter. Il est, à n'en pas douter, le principal homme de la *rupture* de l'ère Sarkozy. Bernard Kouchner rêve en effet d'effacer cinquante ans de politique étrangère indépendante de la France. C'est ainsi qu'en 2003 il n'aurait pas hésité, lui, à envoyer des militaires français en Irak. Son goût de l'expédition militaire est au demeurant bien antérieur à 2003, il lui est même consubstantiel. « Quelle peut être la psychologie d'un médecin qui manifeste une préférence stable pour la guerre ? se demande Emmanuel Todd. Nous passons trop vite de "Médecins du Monde" à "Militaires sans frontières[1]". »

Dans le titre de son livre, *Les Guerriers de la paix*, plus que le mot *paix* il faut d'abord retenir celui de *guerriers*. Dès sa première mission de *French doctor* au Biafra, à la fin des années 60, il réclamait des

---

1. Emmanuel Todd : « Kouchner est passé de *Médecins du Monde* à *Militaires sans frontières* », *Marianne*, 18 septembre 2007.

avions, et, par la suite, on l'a vu souvent demander, espérer et parfois obtenir l'envoi de soldats français combattre çà et là les « méchants ». Ainsi, début 1987, demandait-il, aux côtés d'André Glucksmann et d'Yves Montand, d'« entamer une riposte graduée » contre Kadhafi, au-delà du 16ᵉ parallèle, au Tchad. Il suggérait même de solliciter, si nécessaire, une aide des États-Unis, manifestant pour la première fois aussi explicitement son tropisme américain. En novembre 1989, il envisageait la possibilité d'envoyer des Brigades internationales contre les Khmers rouges revenus au pouvoir – « je serais content d'en être », précisait-il. Plus récemment, il approuvait les bombardements massifs sur la Serbie, puis, appelé à gérer provisoirement le Kosovo, comme nous le verrons, il ne développait pas une grande énergie pour empêcher l'épuration ethnique visant la minorité serbe... Parvenu à la tête du Quai d'Orsay, non seulement il ne se sent pas de mission plus urgente que de se rapprocher d'un homme qui accuse François Mitterrand, son ancien « patron » et véritable parrain en politique, de « complicité de génocide », mais il ne rêve que d'en découdre avec quelques pays classés par lui dans la catégorie des « États-voyous ». Ainsi, avec l'Iran, annonce-t-il aux Français qu'il faut « se préparer au pire », qui « est la guerre ». Kouchner aime la guerre et se verrait bien en chef d'armée. Des fonctionnaires ont ainsi été fort surpris quand, durant le week-end des 2 et 3 février 2008, alors qu'était annoncée la prise de N'Djamena par les forces rebelles et que le président Idriss Déby était coincé dans son palais, ils ont vu le plaisir manifeste que prenait Bernard Kouchner à diriger la « cellule de crise » au Quai, appelant successivement la DGSE, la Défense, les militaires au Tchad, suivant la progression des rebelles minute après minute et demandant : « On ne pourrait pas les bombarder ? »

« Va-t-en-guerre » aussi au Darfour parce qu'il prétend qu'un génocide s'y perpètre en dépit du diagnostic contraire porté par les ONG qui y sont installées. Bernard Kouchner a en effet, comme certains de ses amis, la singulière manie de légitimer ses appels à l'interventionnisme militaire par l'utilisation abusive du mot « génocide ». Il l'aura utilisé pour le Biafra, le Kurdistan, puis le Liban, l'Érythrée, la Somalie, le Kosovo [1]. En ce qui concerne le Rwanda, il qualifiera paradoxalement de « faute politique » et même d'« erreur criminelle [2] » la décision de François Mitterrand d'intervenir pour empêcher un génocide, décision qui n'était pourtant autre qu'une déclinaison de « son » droit d'ingérence...

---

1. Bernard Kouchner aura parlé, le 2 août 1999, de 11 000 Kosovars exhumés de fosses communes – le Tribunal de La Haye démentira dans la journée.

2. *Cf.* le documentaire *Tuez-les tous*, de Raphaël Glucksmann.

Le bénévole volant aux quatre coins de la planète pour soulager la misère du monde a aussi une autre spécificité qui ne saute pas aux yeux : il arrive au « chevalier blanc » de perdre sa couleur virginale en mélangeant les genres auprès des leaders africains.

II

« Ma grande explication du monde, c'est l'hormone mâle »

Pour deviner dans quelles aventures Bernard Kouchner pourrait entraîner la France et les Français, il est donc nécessaire de se familiariser avec sa grille de lecture du monde, et, pour cela, remonter le temps. Jusqu'à celui où il était un – ou plutôt LE – *French doctor*. Il se réfère en effet constamment à cette période de sa vie comme s'il pouvait y puiser la légitimation de tous ses agissements actuels. Il donne même le sentiment qu'il est toujours président de Médecins sans frontières, voire aussi de Médecins du Monde... au grand dam de ces organisations et de leurs responsables ! Ainsi, après avoir déclaré à Jérusalem, le 5 octobre 2008, que les ONG françaises le renseignaient sur ce qui se passait dans la bande de

Gaza et lui servaient en somme de « contact » avec le Hamas, MSF a été obligé de diffuser un communiqué pour dire qu'« une fois de plus, les propos de M. Kouchner portent à confusion, nuisent à nos activités sur le terrain et à notre présence auprès des populations civiles palestiniennes déjà fortement éprouvées par des années de conflit... » Et de rappeler que « M. Kouchner a quitté MSF en 1979 ». Plus brutal, Filipe Ribero, directeur général de MSF, a jugé les propos de Kouchner « incroyablement irresponsables ». Quant à Médecins du Monde, ONG pourtant fondée par Kouchner, après avoir qualifié les déclarations de celui-ci de « fausses » et « dangereuses », elle a décidé de restituer au Quai d'Orsay 120 000 euros de dons destinés à financer un programme de soutien à des activités chirurgicales dans la bande de Gaza.

Il n'entre nullement dans mon propos de fouiller l'enfance et l'adolescence de Bernard Kouchner. Je me limiterai à fournir ici au lecteur quelques clés sur la jeunesse du personnage. Après un engagement communiste fort qui n'a jamais muselé un ego et une ambition manifestes, Bernard Kouchner a passé une vingtaine d'années à forger des outils de contre-pouvoir contre les logiques d'État avant de se couler, durant la vingtaine d'années suivantes, dans les logiques d'État qu'il combattait, et de se construire une carrière politique originale en s'abstrayant de l'onction populaire classique[1] et sans renoncer aux outils de sa première période. En 1988, à la jonction de ces deux périodes, il a accordé à Jean-François Duval[2] une longue interview où, à travers le prisme de ses livres préférés, il éclaire particulièrement son cheminement. Je m'y référerai donc abondamment.

Bernard Kouchner insiste sur sa « double judéité », affirmant paradoxalement qu'« être à moitié juif, c'est être deux fois juif », comme s'il voulait indiquer qu'il faut chercher là le principal moteur de ses actes. Ne confie-t-il pas à Jean-François Duval « être hanté par la même question : pourquoi les juifs se sont-ils laissés faire ? » Ces propos reviennent fréquemment : « J'étais un adolescent hanté par les juifs, la mort des juifs, les miens. Comment avaient-ils pu se laisser faire ainsi ? Et je pensais : il ne faudra plus jamais se laisser faire[3]. »

Cette obsession permettrait de comprendre son engagement militant fort et constant auprès des mino-

---

1. Ses trois parachutages, dans le Nord en 1988, en Moselle en 1994, dans les Bouches-du-Rhône en 1996, ont été trois échecs.

2. In *Le Temps stratégique* de 1988, n° 25.

3. In Anne Vallaeys, *Médecins sans frontières, la biographie*, Fayard, 2004.

rités et auprès des victimes au nom d'un « Plus jamais ça ». Il ne comprend pas ceux qui acceptent leur sort et se résignent sans se battre. Des *boat people* qu'il aide il dit : « Pourquoi quittent-ils leur pays sans résister, pourquoi cet exode, pourquoi se laisser faire ? »

Le besoin d'action domine chez lui. Il fait ainsi de Rimbaud et Malraux ses auteurs préférés. Il emmène partout son édition de Rimbaud dans la Pléiade : « Chez Rimbaud, il y avait un parfum d'aventures, l'idée qu'il fallait "changer la vie", s'enflamme-t-il. Une enfance tout à la fois traditionnelle et rétive. Puis son anticonformisme. Le départ pour l'aventure. La découverte de la réalité, de la violence. Le trafic d'armes auquel il va se livrer... L'Afrique... »

Malraux ? « Malraux est l'un des rares écrivains français à s'être engagé réellement. Il a fait la guerre d'Espagne, il était dans les Brigades internationales. Peut-être n'a-t-il pas piloté lui-même tous les avions dans lesquels il montait – peut-être même qu'il ne savait pas piloter ! Mais il était dans le coup ! Et de tout cela il a tiré *L'Espoir* ! La Résistance aussi, il l'a faite ! La Brigade Alsace-Lorraine, c'était lui ! Et je me souviens avec émotion du moment où il a voulu s'engager à bord du premier char, au début de la guerre du Bangladesh. Il faisait des trucs comme ça, Malraux ! Il faisait ce qu'il disait, en gros. Il allait au-devant d'un certain nombre d'événements, il les vivait, il ne les regardait pas de loin... Et, depuis la disparition de gens comme ceux-là, il n'y a plus un seul véritable écrivain français. Parce qu'ils n'ont rien vécu, qu'ils restent petitement chez eux. »

Qu'importe, ensuite, si Malraux se trompe et invente. Ce qui compte avant tout, pour Malraux comme pour Kouchner, c'est agir, en avoir et en donner l'impression. L'ex *French doctor* est fasciné par les Brigades internationales, mais fait à leur propos un lourd contresens : les Brigades ne peuvent en effet être assimilées aux mouvements de libération d'aujourd'hui luttant contre un pouvoir central dominant, puisqu'elles furent constituées pour voler au secours d'un gouvernement républicain régulièrement élu par le suffrage populaire...

« Moi, j'aime les gens qui font des *coups*. » Dans son entretien avec Duval, Kouchner montre progressivement une fascination pour l'action en tant que telle, y compris l'action gratuite. Sachant pertinemment que Malraux n'a pas vécu, loin de là, tout ce qu'il rapporte dans ses romans, il y trouve néanmoins « un parfum d'authenticité », surtout « si on les compare avec les œuvres de ceux qui n'ont rien fait du tout. Et il y a un engagement, une exigence morale ou philosophique, derrière l'aventure, qui la justifie. Des gens comme Jack London, Henri de Monfreid, Blaise

Cendrars, Joseph Kessel, Pierre Mac Orlan, ceux-là, oui, étaient des écrivains aventuriers : ils n'avaient pas d'objet à leurs aventures. En quelque sorte, ils se promenaient : ils descendaient dans des bars, rencontraient des femmes. Ils brûlaient leur vie. Cette veine-là s'est perdue. »

Sentant qu'il approche là de quelque chose d'important, Duval relance Kouchner sur l'origine et le moteur de l'engagement : « Le moteur d'un tel engagement, où est-il ? demande-t-il. Que cherche-t-on à se prouver ? Au retour d'une expédition en avion pour découvrir la capitale de la reine de Saba, Malraux déclare : "Je me suis lancé là-dedans parce que quand je fais un truc dangereux, je me sens des couilles." C'est aussi ce qui te pousse ?

– Tout le monde en est là, répond Kouchner. Ma grande explication du monde, c'est l'hormone mâle : chacun, en écrasant les autres, s'imagine qu'il va s'en sortir. Ça prend différentes formes : la torture, les massacres, battre sa femme, ou crier contre son voisin de palier, haïr les autres. Tout ça pour oublier qu'on va mourir. Plus on s'agite, plus on s'imagine qu'on est important et immortel. Il s'agit de canaliser tout cela : quitte à se battre, battons-nous contre l'oppression ! »

Kouchner aime manifestement le danger, il existe par lui. Il s'exalte quand il égrène ses souvenirs du

Biafra, du Tchad ou de l'Afghanistan, quand il s'est retrouvé dans le dernier cercle – « le cercle rouge », comme il dit. Quand, en novembre 1968, les troupes nigérianes n'étaient plus qu'à cinq cents mètres de son hôpital de campagne, qu'on entendait claquer les coups de feu, Kouchner et ses compagnons attendaient, seuls dans les locaux vides, l'arrivée des troupes ; ils étaient dans ce fameux « cercle rouge ». Celui où la mort devient soudain concrètement la plus proche des compagnes.

« Le mieux, dans ces instants-là, explique Kouchner, c'est d'agir. Si tu te planques sous un lit, la trouille est bien pire. Et puis il y a toujours une part de petite fanfaronnade, l'air de *la Brigade légère* qui résonne dans ta tête. Tu te dis : au moins, si je meurs, je serai mort dans des conditions cinématographiques », raconte-t-il à Jean-François Duval. Et de conclure, lyrique : « Ceux qui n'ont pas senti sur leur abdomen la menace d'une Kalachnikov ne peuvent pas comprendre. C'est comme s'il y avait plusieurs cercles concentriques. Et nous finissons toujours dans le dernier. Alors on se dit : qu'est-ce que je suis venu foutre ici ? Et on ne peut s'empêcher de se répondre à soi-même : eh bien, voilà, mon vieux, c'est exactement *cela* que tu cherchais, faire le malin, te prouver à toi-même que tu existes en permettant aux autres d'exister... »

À cet impératif d'action, Kouchner en ajoute un second, celui d'« arriver » coûte que coûte. Déjà, en 1968, quand il travaillait pour la revue communiste *Clarté*, il avait fait scandale en publiant une « Lettre à un moderne Rastignac ». Il y prodiguait aux jeunes gens quelques conseils pour « arriver » : Rastignac, s'il entend parvenir à ses fins, doit décrier la société – il n'est pas de réussite sans contestation. Et de lancer : « Je suis communiste *et* Rastignac. Paradoxe ? Détrompez-vous, le mélange n'est pas détonant. Il est même étonnamment efficace ! » Comme *French doctor*, d'abord, comme politique, ensuite, il s'est fixé pour règle, en vue de réussir, la critique systématique de la société dans laquelle il vivait, et ce au nom d'une morale apparemment très exigeante. L'observateur des actes de Bernard Kouchner aura en fait toujours beaucoup de mal à faire le départ entre ce qui relève d'une insatiable ambition, d'un ego surdimensionné, et ce qui découle de sa volonté initiale de changer le monde et de ses mots d'ordre de moraliste. Ambiguïtés déjà perceptibles dans son expérience « matricielle » au Biafra[1], à la fin des années 60.

À tout le moins faut-il lui reconnaître le mérite d'avoir attiré l'attention de l'opinion publique sur des causes oubliées, de grandes détresses dans le monde grâce au recours très efficace à ce qu'il appelle le

---

1. Voir chapitre III.

« tapage médiatique » : « L'information et l'humanitaire sont les remèdes contre des douleurs extrêmes »,
écrit-il dans *Le Malheur des autres*[1]. Ainsi ne va-t-il
pas manquer les grands rendez-vous de l'Histoire et
se camper régulièrement dans le champ des objectifs
des photographes et des caméras de télévision, en-
dossant rapidement la tenue d'un moderne Docteur
Schweitzer. Mais sa soif d'action, son besoin impé-
rieux de passer au « 20 heures », sa fascination pour
les minorités qui prennent les armes, lui interdisent
de moisir dans un quelconque Lambaréné ou dans
l'anonymat des soins quotidiens au sein d'un camp
de réfugiés. Il a choisi « ses » victimes, et non pas
toutes les victimes. Après les Biafrais, il y a eu les
Kurdes, les chrétiens libanais, les Erythréens, les
Tutsis rwandais, les rebelles du Sud-Soudan, puis les
populations du Darfour, mais aussi les Kosovars. Il
est ainsi devenu le porte-parole de certains combats
politico-militaires, et pratique une indignation sélec-
tive qui ne repose pas sur une analyse rationnelle des
situations. Il n'a que faire d'une Histoire complexe et
contradictoire, et préfère réagir et obéir à la dialectique rudimentaire du bien et du mal. Il prend parti
aux côtés de ceux qui luttent contre ce qu'il estime,
avec eux, être le mal. Or, il faut bien reconnaître que,
depuis longtemps, les combats et causes qu'il épouse

---

1. Éditions Odile Jacob, 1991.

sont ceux de Washington, les mêmes qu'embrassent certains intellectuels pro-Américains venus de l'extrême gauche, les ex-« nouveaux philosophes », BHL et André Glucksmann en tête. Pour ne prendre que ceux qu'il mène depuis qu'il a abandonné sa blouse blanche pour les maroquins, cette communauté d'intérêts saute aux yeux dans le soutien apporté à Izetbegovic en Bosnie, aux Kosovars contre les Serbes, aux rebelles tutsis au Rwanda, à John Garang au Sud-Soudan, aux habitants du Darfour, dans le soutien de l'intervention américaine en Irak, dans la volonté d'en découdre avec l'Iran, etc.

Avant même que s'épanouissent son tropisme américain et son approche « droit-de-l'hommiste », sa grille de lecture du monde relevait d'une vision romanesque, compassionnelle et irrationnelle du monde qu'il a décrite en ces termes : « Approcher la réalité des mouvements de libération au ras de l'aventure quotidienne, n'est-ce pas le privilège irremplaçable des médecins que leur engagement conduit à pratiquer leur métier au milieu des maquisards, parmi les proscrits d'un jour ou de toujours[1] ? » À propos de la résistance érythréenne : « Bien évidemment, on ne se rend jamais vraiment compte en quelques semaines, mais, traversant l'Érythrée, j'ai eu le sentiment continuel que ces maquisards menaient un combat popu-

---

1. In *Libération*, 29 juin 1978.

laire. Oppression ? Contraintes ? Il y a longtemps que je n'ai plus d'illusion, mais ces gens n'ont pas l'air d'assassins ou de fusilleurs en puissance. » Beaucoup plus tard, devenu ministre de la République, il tiendra *grosso modo* le même discours à l'égard des anciens rebelles tutsis du Rwanda.

Vision romanesque et dangereuse du monde, mais aussi rupture avec certaines règles élémentaires de la morale républicaine. En acceptant notamment que son épouse devienne la « voix de la France [1] », et en devenant ainsi en quelque sorte son tuteur, Bernard Kouchner a tranquillement assumé le conflit d'intérêts, ainsi qu'il l'a pratiquement reconnu avec un cynisme qui aurait choqué le moraliste qu'il fut un jour : [s'il y avait] « conflit d'intérêts, je serais le premier à le reconnaître, je ne me mêlerais pas du tout d'Audiovisuel extérieur, j'en fais le serment », a-t-il déclaré sur France Inter au lendemain de la nomination de Christine Ockrent au poste de directrice générale de l'AEF...

---

1. Christine Ockrent a été nommée directrice générale de l'Audiovisuel extérieur de la France.

III

Au début était le Biafra

Il y a quarante ans, un groupe de jeunes médecins, parmi lesquels Bernard Kouchner, s'engageait au Biafra, province du Nigeria, sous l'égide du Comité international de la Croix-Rouge (CICR), dans une mission humanitaire qui, si elle s'annonçait d'emblée pour le moins périlleuse, allait surtout se révéler inédite par la tournure qu'elle allait prendre et qui ferait école. Bernard Kouchner parle en effet en l'espèce d'acte fondateur. Il situe là les débuts de ce qui va devenir Médecins sans frontières, de l'interventionnisme humanitaire associé au « tapage médiatique » dont découlera le concept de droit d'ingérence : « Autour de la table d'une salle de garde au Biafra naîtra, dans le mois d'octobre 1968, l'idée de Médecins sans frontières... », écrit-il[1]. Et il n'hésite pas à taxer de « révision-nisme » ceux qui contestent sa version. Pourtant, la réalité est éloignée de la mythologie kouchnérienne et c'est pourquoi il est si important de comprendre le contexte dans lequel le *French doctor* est intervenu au Biafra, car ce qui s'y est passé permet d'appréhender toutes les dérives engendrées depuis lors au nom des bons sentiments. Le « modèle biafrais » s'est souvent réédité, et il n'a pas grand-chose à voir avec le discours médiatique qui accompagne d'ordinaire les interventions humanitaires.

Ce modèle peut se schématiser de la façon suivante :

Pour des raisons plus ou moins avouables, une puissance occidentale soutient une minorité. S'ensuit à l'encontre de celle-ci une répression brutale et implacable du pouvoir en place. Cette répression entraîne vite une action humanitaire en faveur des malheureuses victimes, puis le déclenchement d'un plan médiatique ponctué d'actions diverses et variées destinées à assurer à la situation une visibilité maximale, le but étant d'influer sur l'opinion en lui donnant du conflit une vision prémâchée, tronquée, où les victimes sont invariablement et exclusivement les bons. On lâche alors à dessein le mot « géno-cide ». Mot terriblement connoté dont la seule évoca-

---

1. In *Charité Business*, Le Pré aux Clercs, 1986.

tion provoque l'effroi, tant il hante la (mauvaise) conscience occidentale depuis 1945, mais qui sert avant tout, dans le cas présent, à ancrer une vision manichéenne de conflits souvent extrêmement complexes. Cette vision s'articule inéluctablement autour du dualisme ultrasimpliste du bien et du mal cher aux faucons néoconservateurs de l'administration américaine...

Pour bien comprendre ce mécanisme, il est utile de revenir aux sources et aux acteurs qui l'ont engendré. Dans son volumineux et remarquable *Médecins sans frontières, la biographie*[1], Anne Vallaeys donne les clés de ce qu'a été la tragédie biafraise, en s'attachant à mettre en lumière la vérité des faits aux dépens de la légende communément admise et abondamment colportée.

Situé dans le golfe de Guinée, indépendant depuis le 1er octobre 1960, membre du Commonwealth, le Nigeria est d'abord divisé en trois grandes régions, puis, suite à une instabilité politique chronique et croissante, en douze États. De coups d'État en assassinats, de luttes d'influence en malversations, le pays s'enfonce peu à peu dans le chaos. Le 30 mai 1967, Odumegwu Emeka Ojukwu, gouverneur de la province du Biafra, riche en pétrole et peuplée majoritairement par l'ethnie ibo, invoquant le droit des

---

1. *Op. cit.*

peuples à disposer d'eux-mêmes, déclare l'indépendance de sa région, qui prend le nom de République du Biafra avec Enugu pour capitale. La réplique du gouvernement central de Lagos ne se fait pas attendre : le 5 juillet, redoutant d'être privé des richesses vitales de sa province séparatiste, il ordonne l'invasion du Biafra ainsi qu'un blocus total qui va se révéler d'une efficacité redoutable. En ce mois de juillet 1967, alors que San Francisco et la génération hippie vivent ce qu'elle proclame être l'« été de l'amour », se déclenche dans ce pays d'Afrique une guerre civile sans merci...

En dépit des apparences, la proclamation d'indépendance d'Ojukwu n'est pas qu'une affaire interne au Nigeria. Son audace s'explique aussi largement par l'appui clandestin qu'il a reçu de l'Espagne de Franco, du Portugal de Salazar, de la France de De Gaulle. Les trois anciennes puissances coloniales ne peuvent se résoudre à accepter le rôle du Nigeria sur la scène africaine. Le général de Gaulle n'a jamais supporté les prises de position virulentes de Lagos contre les expériences atomiques françaises au Sahara à partir de 1960. Le Nigeria était alors allé jusqu'à rompre ses relations diplomatiques avec Paris. Cette attitude insolente n'aurait toutefois pas suffi à justifier l'engagement français dans une entreprise de déstabilisation de la puissante fédération nigériane. L'Élysée estimait en fait que le mastodonte africain menaçait l'équilibre de l'Afrique de l'Ouest, notamment des protégés de la France. Félix Houphouët-Boigny, président de la Côte d'Ivoire, partageait cette analyse que la proximité du Nigeria transformait chez lui en hantise. Dans cette affaire, l'alliance entre Houphouët-Boigny et Jacques Foccart, le puissant « Monsieur Afrique » du gaullisme, a sans nul doute été décisive. C'est autour de ces deux hommes que se prennent alors toutes les décisions d'aide clandestine à la sécession biafraise. L'odeur du pétrole n'est évidemment pas absente de l'engagement français aux côtés d'Ojukwu ; la province regorge d'or noir. Aider Ojukwu, c'est la possibilité de tailler, à terme, des croupières à la puissante Shell et de renforcer Elf, la compagnie nationale française.

De son côté, Lagos ne manque pas de soutiens internationaux, au premier rang desquels l'Angleterre et l'URSS, mais aussi les États-Unis. Moscou et Londres alliés objectifs : voilà, en ces temps de guerre froide, un bien curieux attelage ! Soucieux de se maintenir en Afrique après quelques faux pas dans la région, les Soviétiques vont donc fournir des armes, des automitrailleuses et surtout des avions Mig, tandis que les Britanniques vont veiller sur les richesses d'un pays dont ils sont les principaux exploitants, notamment à travers BP et Unilever.

Aujourd'hui, des militants attardés croient ou feignent de croire, en forgeant et brandissant le concept de Françafrique, que la France conserve toujours, grâce à ses réseaux, l'influence qu'elle avait au début des années 60. C'est évidemment faux. Par contre, il est vrai que le poids de la France auprès de ses anciennes colonies était à l'époque considérable. La Françafrique était alors une réalité. L'engagement dans la sécession biafraise en est la meilleure des illustrations. Jacques Foccart était encore au faîte de sa puissance. C'est lui qui fut le grand ordonnateur de cette affaire. Lui qui organisa les fournitures d'armes et de munitions, lui qui mobilisa services secrets et mercenaires, mais lui aussi qui poussa la Croix-Rouge à s'engager au Biafra. Sans lui, Bernard Kouchner et ses amis n'y seraient pas allés.

Avant de partir, le jeune toubib savait-il qu'il était un « petit soldat » de la Françafrique ? « Je ne savais rien du Biafra, confie-t-il à Anne Vallaeys lors d'un entretien en 2003, sauf que ce n'était pas une jolie guerre : une "guerre du pétrole", comme disaient les cons qui ne savaient rien. Le CICR s'ébranlait pour la première fois. Il sentait que l'époque changeait[1]. »

Dans les semaines qui ont suivi la proclamation d'Ojukwu, l'implication de la France était déjà connue. *Le Monde* du 17 juillet 1967 fait état d'un

---

1. In *Médecins sans frontières, la biographie, op. cit.*, p. 40.

communiqué de l'ambassade des États-Unis à Lagos qui vend la mèche : un avion de bombardement B26 « avait été fourni par l'armée française... et illégalement acheminé à Enugu par un équipage français » ; les Américains précisent de surcroît que l'avion fait escale à Lisbonne, Dakar et Abidjan. De petites bulles vont ainsi éclater en permanence à la surface de la version officielle de Paris qui, évidemment, nie en bloc tout engagement français au Biafra. C'est ainsi que *Le Canard enchaîné* décrit un engagement français plus important que la simple livraison d'un aéronef décrite par les diplomates américains : « La guerre civile opposant les tribus nigérianes entre elles grâce à la sécession du Biafra ne plonge pas tout le monde dans la consternation à Paris... Les commandos qui ont fait la "révolution" et, en provoquant la guerre civile, ont mis les Anglo-Saxons dans le pétrin, ont été entraînés et conseillés par des Européens qui ressemblent à s'y méprendre à des barbouzes français dépendant de Jacques Foccart, secrétaire général de la Communauté et à l'Élysée. Fortiche, non ? »

L'année suivante – en 1968 –, le jeune Bernard Kouchner termine à l'hôpital Cochin une spécialité de gastro-entérologie. Il n'est pas vraiment concerné par le mouvement de Mai. Dans les colonnes de *L'Événement* de Jean-François Kahn, en date du

10 septembre 1999, il exprime le peu d'estime que lui inspire le mouvement : « C'était une révolution individualiste. On ne regardait pas vraiment le reste du monde. » En août, il a vent par un ami d'une annonce de la Croix-Rouge parue dans *Le Monde*, cherchant à recruter des médecins pour se rendre au Biafra. Bernard Kouchner sera de la première équipe, qui décolle le 3 septembre pour ce que l'on appelle alors le « réduit biafrais ». Avec lui, deux étudiants en quatrième année de médecine, Olivier Dulac et Jean-François Bernaudin, et un infirmier, Francis Dechartres, composent l'équipe commandée par le docteur Max Récamier, un ORL réputé qui a déjà une bonne expérience des actions humanitaires. Max Récamier : « L'un des premiers à répondre à l'appel a été Bernard Kouchner. Je ne le connaissais pas. Je ne l'avais rencontré qu'une seule fois dans un couloir de l'hôpital Cochin ; il était tout jeune, il n'avait même pas soutenu sa thèse [1]. » Effectivement, il ne la soutiendra qu'à son retour. Son thème ? Les enseignements de l'intervention humanitaro-médicale au Biafra.

De septembre 1968 à janvier 1970, une cinquantaine de volontaires de la Croix-Rouge française vont participer à la campagne biafraise, s'ajoutant aux cent-soixante-dix volontaires européens (70 Suédois, 100 Suisses), tous sous l'égide du CICR. Bernard

1. *Ibid.*, p. 38.

Kouchner, lui, y séjourne à trois reprises : de septembre à octobre 1968, puis à nouveau en décembre de la même année, enfin d'octobre à novembre 1969.

La campagne de la Croix-Rouge, qui démarre au mois de septembre 1968, s'inscrit officiellement dans la ligne des interventions humanitaires d'après-guerre telles que les concevaient des organisations déjà fort présentes comme « Terre des Hommes », entre autres. Et, si l'on en croit la légende, hormis les futures transgressions de Kouchner et de Récamier vis-à-vis des médias, rien ne la différencie alors des autres missions.

Il faut avant tout savoir qu'aucune mission humanitaire française ne peut alors se faire sans l'aval du gouvernement. De surcroît, la nomination du président de la Croix-Rouge française est une prérogative du cabinet de la présidence de la République. Ses statuts sont en outre soumis au respect de la souveraineté de l'État dans lequel elle envisage d'intervenir. Dès les premiers mois de la guerre, les démarches incessantes du CICR genevois auprès du gouvernement de Lagos sont restées lettres mortes. Pis : non seulement les Nigérians refusent l'aide médicale et les vivres de la Croix-Rouge, mais ils menacent d'abattre sans discernement tout avion qui forcerait le blocus. Pourtant, sur le terrain, au Biafra, l'organisation Caritas, d'obédience chrétienne et soutenue par le Vatican, force le blocus en violant régulièrement l'espace aérien nigérian à partir de sa base logistique installée dans l'île portugaise de São Tomé. Faisant fi des conventions et de la souveraineté territoriale, les volontaires de Caritas acheminent tant bien que mal vivres et médicaments de première nécessité. Évidemment, ils ne se privent pas de railler à l'occasion les Genevois que le strict respect du protocole empêche d'agir. Mais, conscient des enjeux et de l'extrême gravité de la situation, le CICR hausse le ton, et, finalement, la Croix-Rouge se décide à forcer le blocus nigérian et à lancer un appel à destination des médecins, pharmaciens, infirmières, chauffeurs de camion, mécaniciens, opérateurs radio. La Croix-Rouge française, quant à elle, est dans une situation plutôt inconfortable. Dépourvue d'infrastructures médicales propres, elle n'est composée que d'un quarteron de généraux en retraite, plus à l'aise dans la collecte de vêtements, les kermesses caritatives que dans l'intervention humanitaire d'urgence. C'est de Gaulle qui décide d'impliquer la Croix-Rouge française dans sa politique à l'égard du Biafra. Le 17 juillet 1968, il convoque Jacques Foccart : « Nous devons apporter une aide directe au Biafra grâce à la Croix-Rouge, et non par le canal de la Croix-Rouge[1]. » Et ce sont les fonds discrètement libérés

---

1. Jacques Foccart, *Le Général en mai*, Fayard/Jeune Afrique, 1998.

par Michel Debré, alors ministre des Affaires étrangères, qui rendent possible l'intervention de la CRF.

En débarquant à Uli, au Biafra, l'équipe de jeunes médecins dirigée par Max Récamier est étonnée par ce qu'elle trouve sur place. La ville semble intacte. Les trottoirs sont pleins d'une foule bigarrée, et, à première vue, rien n'indique qu'il s'agit d'un pays en guerre. Max Récamier : « Nous étions partis avec nos sacs à dos, nos trousses de médicaments, pensant qu'on allait soigner des gens au bout du rouleau, sous des palmiers, dans la brousse africaine. La réalité était toute différente[1]. »

Le peuple ibo aussi les étonne. C'est un peuple cultivé, organisé, très déterminé. Un peuple bien éloigné des clichés africains habituels. Bernard Kouchner : « Certes, il manquait beaucoup de biens, mais la discipline, la coopération du peuple avec ses combattants, l'union avec son administration étaient parfaites. [...] La population s'était adaptée aux conditions difficiles qui lui étaient imposées. Elle avait, semble-t-il, une bonne connaissance des raisons, des mobiles de la direction politico-militaire de la résistance[2]. »

Les Français ne tardent pas à se mettre à l'ouvrage. On les installe au lieu-dit Awo Omama, ce qui signi-

---

1. *Médecins sans frontières, la biographie, op. cit.*, p. 58.
2. *Ibid.*

fie « arbre sacré » en langue ibo. Le centre n'est distant que d'une quinzaine de kilomètres de la zone de front ; il y là cinq bâtiments en dur, de construction récente, dont les toits sont ornés de la célèbre croix rouge. Prévu à l'origine pour deux cents lits, il accueille en réalité plus de quatre cents patients. Néanmoins, bien conçu, avec un personnel local compétent et motivé, les conditions d'hygiène et d'interventions y sont tout à fait satisfaisantes, compte tenu de la situation.

C'est généralement le soir, après le coucher du soleil, qu'arrivent en nombre les blessés : en camion, à vélo, parfois même à dos d'homme. Quatre équipes se relaient dans les blocs opératoires, souvent jusqu'au petit matin. C'est de la médecine, de la chirurgie de guerre. Il faut aller à l'essentiel, toujours dans l'urgence. Les pathologies sont nombreuses : blessures par balle, éclats d'obus, membres arrachés. Il faut suturer, juguler les hémorragies, stopper les débuts de gangrène, parfois amputer, etc.

Lorsque le jour se lève, les équipes sont éreintées. Gérer l'épuisement devient une gageure de plus. Car, de temps à autre, les fédéraux envoient leurs avions russes, pilotés le plus souvent par des officiers égyptiens, pilonner les cohortes de civils en fuite. Les blessés sont transportés à l'hôpital. Le ballet de l'urgence se remet précipitamment en branle. On pare au

plus pressé avec les moyens du bord. Bernard Kouchner : « La disproportion entre besoins et moyens était
extraordinaire. Nous n'étions pas formés pour cela.
Nous opérions à la chaîne, dans des conditions
incroyables[1]. »

Les jeunes médecins français apprennent malgré
eux à faire des choix. Car, bien vite, l'évidence s'impose : ils ne peuvent pas sauver tout le monde. À
chaque arrivée massive de blessés, ils doivent décider
qui vivra et qui mourra. Chaque choix est un cas de
conscience pour ces Occidentaux que rien n'a préparé
à cela.

Comme si ce n'était pas suffisant, ils doivent gérer
les effets dévastateurs d'un blocus parfaitement her-
métique, et son corollaire direct : la faim. En seize
mois, la famine a fait des ravages. Partout des corps
décharnés d'enfants au ventre gonflé et au regard
vide. Les Français font ce qu'ils peuvent : un flacon
de plasma pour quatre enfants, histoire de les requin-
quer quelques jours. Ou juste quelques heures de
gagnées sur la mort. Chaque nuit qui passe apporte
son lot de décès, comme une fatalité contre laquelle
on ne peut rien. Les certitudes de ces jeunes volontaires ont tôt fait de voler en éclats. Leur neutralité
aussi. Comment ne pas être en empathie avec les
hommes et les femmes que vous soignez, que vous

---

1. *Médecins sans frontières, la biographie, op. cit.*, p. 61.

sauvez de la mort, avec ces soldats qui, sitôt remis sur pieds, retournent au combat ? Surtout pour un Bernard Kouchner qui a des images de la Résistance plein la tête. Les médecins français prennent donc absolument fait et cause pour les Biafrais.

Quand Kouchner débarque au Biafra, Albert-Bernard Bongo, nouveau président du Gabon, est engagé depuis deux mois dans la cause biafraise[1]. Foccart a installé Philippe Letteron, son conseiller, à Libreville pour coordonner toutes les actions clandestines. Pendant l'été 1968, la capitale du Gabon devient la base arrière de l'aide à Ojukwu. Le 13 juillet, d'après le mercenaire Rolf Steiner, « le premier avion français chargé de munitions... venant du Gabon » atterrit à Uli, au Biafra. Toutes les nuits, un véritable ballet aérien s'ordonne à partir de l'aéroport de Libreville. Selon le leader biafrais Ojukwu lui-même, il y a « plus d'avions atterrissant au Biafra que sur n'importe quel aérodrome d'Afrique à l'exception de celui de Johannesbourg ». Une dépêche d'Associated Press estime à vingt tonnes, début octobre, les armes qui partent chaque nuit de la capitale gabo-

---

1. Léon M'Ba, le prédécesseur de Bongo, est mort le 28 novembre 1967. Ce n'est que début mai 1968 que Bongo a accepté de s'immiscer dans l'affaire biafraise sous la pression de Jacques Foccart, qui l'a installé à la tête du Gabon, et de Félix Houphouët-Boigny, président de la Côte d'Ivoire.

naise. Pourtant, officiellement, seules les missions humanitaires sous couvert de la Croix-Rouge s'envolent du Gabon en direction du Biafra. Mais aussi bien la Croix-Rouge que les Chevaliers de Malte, qui canalisent et acheminent vivres et médicaments au Biafra, ne regardent pas de trop près les très lourdes caisses qui, manifestement, ne sont pas remplies de lait en poudre. Et, pour favoriser ce mélange des genres, le colonel Merle, conseiller militaire de l'ambassade de France au Gabon, est aussi responsable de la Croix-Rouge !

Bernard Kouchner et ses co-équipiers ont bel et bien emprunté des avions qui transportaient aussi des armes. Aujourd'hui, il évoque en ces termes ce double jeu qu'on a fait jouer aux médecins de la Croix-Rouge : « Ça n'était pas très sympathique pour nous, nous n'étions pas à notre aise, on détestait ces types-là [1]. » Réaction qui ne sonne pas juste : ne s'est-il pas engagé alors ouvertement dans le camp biafrais ? n'a-t-il pas lui-même réclamé davantage d'armes ?

Il prétend aujourd'hui avoir déjà conceptualisé, à cette époque, le recours au « tapage médiatique » qui deviendra sa marque de fabrique : « La Croix-Rouge nous imposait de rester sur place pour défendre nos blessés, fort bien ! Mais soigner n'était plus suffisant.

---

1. *Médecins sans frontières, la biographie, op. cit.,* p. 70.

Il fallait faire du bruit, clamer que les Nigérians tuaient les enfants, attaquaient les civils. Nous avons alors pensé à la fameuse *loi du tapage* inventée quinze ans plus tôt par l'abbé Pierre, quand il se bagarrait pour les mal-logés. Il fallait faire savoir ce qui se passait au Biafra. C'est alors que j'ai été désigné pour rejoindre Genève où je devais donner une conférence de presse. J'ai donc pris l'avion pour Santa Isabel où se tenait la base logistique de la Croix-Rouge suédoise. Mais là, on m'a bloqué : pas question d'intervenir publiquement. Je suis reparti bredouille au Biafra[1]. »

L'hôpital régional d'Okigwi est pris d'assaut, malgré la bannière de la Croix-Rouge : quatre morts, deux médecins et deux missionnaires, et deux blessés graves. La faiblesse des protestations des organismes humanitaires à la suite de ces exécutions sommaires sème le trouble, puis la colère parmi les volontaires en poste au Biafra. Dans le drame qui la frappe, la communauté se resserre pour protester, exiger des garanties. Au siège du CICR, la tension monte : c'est la première fois depuis la fin de la Seconde Guerre mondiale que la Croix-Rouge doit faire face à une mutinerie de ses troupes sur le terrain. Bernard Kouchner, aujourd'hui : « Hélas pour ceux qui étaient tombés, la démonstration était implacable. Nous

---

1. *Ibid.*, p. 72.

54

avions raison : il fallait parler, en appeler à l'opinion publique internationale. Cet épisode meurtrier nous a convaincus de la nécessité impérieuse de ne plus nous soumettre aux consignes des bureaucrates de la Croix-Rouge, une organisation qui s'était réfugiée dans le mutisme à propos des camps de concentration nazis... »

Quinze jours plus tard, les docteurs Kouchner et Récamier passent à l'action et rompent *de facto* le pacte du silence, ce devoir de réserve qui les lie à la Croix-Rouge. Les deux hommes témoignent dans les colonnes du *Monde* en date du 28 octobre 1968. Les 14 et 15 mars de l'année suivante, le docteur Grellety-Bosviel, dont l'équipe a pris la succession sur le terrain de celle de Récamier, publie dans *La Croix* le « bloc-notes d'un médecin au Biafra ».

Cette rupture du pacte du silence a peut-être existé dans la tête de Kouchner et celle de Récamier, mais elle n'a pas été perceptible. Dans ces articles, il *n'est pas fait mention* de la frilosité des diplomates du CICR contre lesquels Kouchner et ses amis affirment ne pas décolérer. S'ils dénoncent les atrocités, la famine, les combats, l'impuissance des jeunes carabins opérant dans des conditions dantesques, le ton à l'égard de la Croix-Rouge reste on ne peut plus lisse. De fait, le clash entre ceux que l'on appellera désormais les « Biafrais » et le CICR, si souvent vanté après coup par la « geste » de la création de MSF, n'a pas eu lieu. La Croix-Rouge fera même l'éloge des équipes biafraises lors de son assemblée générale annuelle, le 24 novembre 1969. Et nombre de *French doctors* seront alors décorés de l'Ordre national du Mérite, à l'exception notable de Bernard Kouchner.

La seule petite trace de colère de Bernard Kouchner est apparue dans un article publié par le quotidien gabonais de Libreville, *Fraternité Matin*. Il a répondu à une interview, mais a refusé d'apparaître en pleine lumière. Il a seulement accepté d'être le « docteur K. (jeune médecin de cinquième année qui a fait mai-juin à Paris) », pour ne pas rompre officiellement la neutralité exigée par la Croix-Rouge. Protégé par l'anonymat, celui qui joue aujourd'hui volontiers les matamores s'est lâché : « Un jour, il faudra réviser cette forme d'application de la neutralité de la Croix-Rouge internationale. Elle ne s'accorde pas au contexte africain, ni peut-être à celui du monde actuel. » Il poursuit plus loin, dans la même veine : « Si les Biafrais disposaient d'assez d'armes, les hôpitaux seraient défendus par le personnel et les blessés eux-mêmes se défendraient. Allons donc ! La Convention de Genève de la Croix-Rouge concernant les blessés et le personnel hospitalier n'est pas respectée par les Nigérians. Il faut réviser la Convention de Genève. » C'est là en réalité un appel à un engagement humanitaro-militaire musclé aux côtés des Biafrais.

Le docteur Pascal Grellety-Bosviel, qui dirigeait l'autre équipe de médecins français et qui fera lui aussi partie des « douze » qui fonderont Médecins sans frontières, se montre aujourd'hui plus direct sur leur aspiration d'alors à mêler l'humanitaire et le militaire : « Nous étions pro-Biafrais à fond, moi le premier ! Je me réfugiais derrière les principes de neutralité de la Croix-Rouge : elle se trouvait aussi dans le camp nigérian, des équipes de collègues suédois faisaient le même boulot auprès de leurs blessés. J'avais la conscience tranquille, la liberté de ne pas être neutre tout à fait. Pas du tout, même ! Aucun de nous ne l'était. Comme notre gouvernement, du reste, très impliqué dans cette histoire. Le CICR était furieux, d'ailleurs. En charge des établissements d'Awo Omama au Biafra, la Croix-Rouge française court-circuitait les médicaments de Genève... Notre matériel venait directement de France par la seule volonté de De Gaulle... À bord des avions-pirates qui atterrissaient de nuit en provenance de Libreville, au Gabon. Tous feux éteints. Nous les attendions avec des brûlots sur la piste. [...] Ça nous faisait chaud au cœur, nous nous sentions soutenus, mais, en même temps, nous pensions : pourquoi ne font-ils pas plus ? Pardonnez-moi d'être si peu médecin, mais je me disais alors : pourquoi n'envoient-ils pas plus de munitions ? Et nous leur disions : mais donnez-leur des armes ! Qu'ils se défendent, bon Dieu[1] ! »

Tout au long de l'année 1969, portraits, témoignages, interviews des « Biafrais » se succèdent dans l'ensemble de la presse nationale. C'est une véritable campagne en faveur du Biafra qui s'orchestre. Bernard Kouchner a même créé dans les derniers jours de 1968 un *Comité de lutte contre le génocide au Biafra* pour dénoncer les horreurs de « ce conflit perpétré par les autorités de Lagos avec la complicité des puissances impérialistes », utilisant là le ton de l'ex-militant de l'Union des étudiants communistes.

En dénonçant le « génocide biafrais », Bernard Kouchner s'est coulé dans la stratégie de communication définie par les sécessionnistes et par Jacques Foccart. Paddy Davies est le responsable biafrais à la propagande, *via* sa structure, la Markpress Biafran Oversea Press Division. Pour le régime d'Ojukwu, l'heure est grave. Le conflit qui fait rage est aussi religieux. Les fédéraux sont musulmans et leur radio proclame qu'ils vont islamiser le Biafra. Les Biafrais, chrétiens, bénéficient du soutien des grandes Églises occidentales. Mais les Églises ne livrent pas d'armes. Or les besoins sont énormes. « C'est alors, explique Davies, que nous avons inventé le concept de "géno-

---

1. *Médecins sans frontières, la biographie, op. cit.*, p. 64.

cide" dans le but de sensibiliser et d'ébranler la conscience internationale[1]. » Jacques Foccart approuve l'opération. Les services secrets français vont jouer un rôle important dans la diffusion de cette « information » par les médias. Comme le raconte froidement Davies, « c'était la première fois dans l'histoire de la guerre que la famine était utilisée comme une arme de propagande. C'est à dire retournée contre ceux qui en faisaient une arme de guerre[2]. » Avant d'ajouter : « Sur le terrain, les journalistes étaient pris en charge et encadrés par Markpress Biafran Oversea Press Division qui leur donnait à voir l'organisation des Biafrais, la résistance des combattants et surtout l'agonie des civils. Pour leur permettre de gagner du temps, les autorités allèrent jusqu'à créer un parc d'affamés : des centaines de personnes mouraient de faim dans cet enclos, attendant les caméras. En cette période récemment marquée par de grands procès de criminels nazis (procès Eichmann en 1961, procès de Francfort[3] en 1965), les médias établirent un parallèle entre l'extermination des Juifs

---

1. « Conversation à propos du Biafra », documentaire de Joël Calmettes, diffusé sur la chaîne Histoire du 27 décembre 2003 au 24 janvier 2004.

2. *Ibid.*

3. Dit « procès d'Auschwitz » : vingt Sonderkommandos ont été jugés au terme de 183 jours d'audience.

et le sort des Ibos, "juifs" de l'Afrique, jusqu'à comparer le réduit biafrais avec le ghetto de Varsovie. »

Des propos confirmés par Joël Calmettes dans son documentaire[1] réalisé sur le sujet : « Associé au Biafra, le mot "génocide" a été une commande des services secrets français. Ils ont demandé à leurs amis journalistes parisiens de rapporter le mot dans leur reportage. Ensuite l'information a été reprise dans le monde entier. »

Les retombées médiatiques qui en résulteront seront phénoménales. C'est un véritable raz de marée qui déferle chaque jour, à la télé comme dans les journaux. Le nom du Biafra s'affiche partout, presque irrémédiablement accolé au mot « génocide ». Joël Calmettes : « Les Français reçoivent cette violence inédite par la télévision. Chaque soir, on voit l'ami de Jacques Foccart, Jean-François Chauvel, du *Figaro*, en compagnie d'Ojukwu (le leader biafrais), occupé à lire des cartes d'état-major quelque part dans le réduit biafrais[2]. »

En septembre 1969, le comité de Bernard Kouchner, qui végète, fusionne avec l'association France-Biafra, présidée par l'ancien ministre MRP Robert Buron.

---

1. Documentaire de Joël Calmettes, *op. cit.*
2. « Trente après, que reste-t-il du Biafra ? », France-Culture, 22 mai 2003.

Malgré tous ses soutiens extérieurs, la sécession biafraise se termine le 10 janvier 1970. Les troupes de Lagos prennent Uli et signent la fin de la rébellion. Dans les colonnes du *Nouvel Observateur* daté du 19 janvier, Kouchner laisse éclater sa colère dans un discours qu'il réembouchera ensuite à de nombreuses reprises, tissé d'exagérations, de simplifications, de références à la Shoah, où s'affirment déjà son côté va-t-en-guerre et son interventionnisme militaire : « Comment peut-on être de gauche et laisser massacrer deux millions d'individus ? Le massacre des Biafrais est le plus grand massacre de l'histoire moderne après celui des Juifs, ne l'oublions pas ! » On retrouve là toute la thématique forgée par le tandem Foccart/Davies. « On a beaucoup promis aux Biafrais, mais on ne les a jamais aidés vraiment. Il fallait des avions ! Il aurait fallu aider un peuple au combat, un peuple à dépasser le nationalisme dans la guerre, puisqu'on ne pouvait pas l'aider à faire la paix [...]. Le Biafra n'a pas choisi ses alliés. Est-ce sa faute si les seules mains qui lui ont été tendues étaient celles de Salazar et celles d'une France ambiguë ? Est-ce que cela veut dire que le critère de la guerre populaire est abandonné par la gauche ? »

Ce « critère de guerre populaire », qui lui est manifestement cher, permet de mieux comprendre nombre de ses engagements à venir, comme celui qui le fait se ranger aujourd'hui aux côtés du FPR de Paul Kagame, le dictateur rwandais...

« Le Biafra, c'est un peu le Vietnam de Kouchner, ou plutôt sa guerre d'Espagne », écrit Anne Valleys [1]. L'aventure biafraise porte en germes les ambiguïtés de ses actions futures : recours au mot « génocide » pour susciter un soutien populaire à « sa » cause, mélange de l'humanitaire et du militaire, concept naissant du « devoir d'ingérence ». Homme de son époque, Kouchner a très vite compris le poids nouveau des médias et l'utilisation qui pouvait en être faite, usant même, on l'a vu, d'une expression spécifique pour en parler : le « tapage médiatique ». Dès lors, il va s'employer à faire vivre aussi souvent que possible ce couple de l'information et de l'humanitaire qui va devenir un rouage essentiel tant de l'action politique que du parcours du futur ministre. Désormais, qu'il soit seul, avec MSF ou Médecins du Monde, Kouchner n'aura de cesse de pointer son objectif et ceux des caméras sur ceux qu'il désignera comme victimes, informant les médias sur les lieux mêmes du désastre, n'hésitant pas à engager des bras de fer avec les appareils d'État pour les contraindre à agir.

Cependant, de retour du Biafra, Kouchner, Récamier et ceux que l'on appelle désormais les « Bia-

---

1. *Ibid.*, p. 81.

frais » connaissent une période de flottement. Les liens qui les unissent sont restés forts, et ceux qui résident sur Paris ont pris l'habitude de se retrouver à l'hôpital Beaujon deux fois par mois. C'est au cours d'une de ces multiples réunions que naîtra le GIMCU (Groupe d'intervention médicale et chirurgicale d'urgence). Il s'agit en quelque sorte, pour eux, de perpétuer cette flamme, née dans le réduit biafrais, en proposant leurs services à des gouvernements ou à des organisations humanitaires. Mais, très vite, pour des raisons structurelles, ils comprennent que c'est l'impasse.

C'est alors que *Tonus*, un journal médical, sous l'impulsion du journaliste Philippe Bernier, publie dans ses colonnes, en date du 23 novembre 1971, un encart qui va tout changer : « Appel aux médecins français en vue de constituer un corps de volontaires de la médecine d'urgence ».

Jacques Bérès, un des fondateurs de MSF, se rappelle : « L'appel était flou, mais il recelait une certaine émotion. Alors, nous nous sommes dit : réunissons le noyau des "Biafrais". C'est ainsi que tout a commencé[1]. »

Raymond Borel, le patron de *Tonus*, et Philippe Bernier ont eu l'idée d'une équipe médicale d'urgence constituée en association. En guise de nom de

---

1. *Ibid.*, p. 106.

baptême, ils ont opté pour Secours médical français, soit SMF. La première rencontre avec Kouchner est homérique : « Un jour, se souvient Raymond Borel, un jeune type débarque, belle gueule : "Je me présente : Bernard Kouchner, mercenaire de la médecine d'urgence." Comment oublier une telle entrée en matière ? Ce serait difficile. "J'aimerais, me dit-il, m'inscrire au SMF", puis : "J'ai des références, j'ai fait le Biafra, je pourrais vous amener beaucoup d'autres collègues[1]." »

Le 22 décembre 1971, les « Biafrais » et ceux que l'on nommera désormais les « Tonusiens » se réunissent au siège de l'hebdo. Très vite, il apparaît que le sigle SMF ne fonctionne pas. En effet, la nouvelle entité est susceptible d'intervenir dans nos anciennes colonies où le « Français » n'est pas toujours le bienvenu. Contrairement à une légende propagée ensuite par beaucoup, l'invention de la dénomination Médecins sans frontières ne sera pas l'œuvre de Bernard Kouchner, mais bien de Philippe Bernier après qu'il aura ruminé et permuté les lettres dans tous les sens. De même que Kouchner, bien qu'il s'en attribuera longtemps la paternité, ne sera pas le rédacteur de la fameuse charte de MSF. C'est encore Philippe Bernier qui en est l'auteur : « Cette charte, j'y tiens, écrira-t-il. Je l'ai écrite en dix minutes, tant les

_____

1. *Ibid.*, p. 118.

principes sur lesquels elle repose me paraissaient à la fois évidents et essentiels[1]... » Kouchner en conviendra devant Anne Vallaeys : « Oui, ce sont eux qui l'ont rédigée[2]... »

Le 3 janvier 1972, le même Bernier publie en une de *Tonus* l'acte de naissance de MSF.

Les premières années sont laborieuses. « Biafrais » et « Tonusiens » ne sont pas franchement sur la même longueur d'onde pour ce qui est des orientations à donner à l'association. Tandis que les « Biafrais » rêvent de « commandos » de médecine d'urgence, sans bureaucratie ni organisation propre, avec des missions brèves, les « Tonusiens », eux, se placent davantage sur le long terme, avec des missions sur la durée, plutôt dans la lignée de ce que fait déjà le CICR. Pour le futur ministre, campant sur une position encore bien plus radicale, c'est là une pure hérésie : « Pour lui, seul compte le témoignage humano-médical à usage médiatique. Et, bien entendu, la force de MSF réside dans son informalité. Kouchner se veut publiciste, agitateur d'urgence, témoin de son temps, amplificateur d'échos. Selon lui, une équipe mobile de médecins entreprenants a le devoir de

---

1. Philippe Bernier, *Des Médecins sans frontières*, Albin Michel 1980, cité dans *Médecins sans frontières, la biographie, op. cit.*, p. 124.

2. *Médecins sans frontières, la biographie, op. cit.*, p. 124.

s'installer là où les journalistes n'ont pas accès. Témoigner, attraper un avion au vol, crapahuter au péril de sa vie, muni d'une simple trousse d'urgence, rentrer à Paris pour rendre compte de l'injustice, remuer l'opinion, c'est cela, la vocation des Médecins sans frontières [1]. »

Au fil des années, différents courants vont donc s'affronter au gré des mandatures directoriales, dont celle de Kouchner lui-même. Les tensions au sein de l'organisation vont aller en s'accroissant, rancœurs et animosités vont s'accumuler cependant que MSF peinera à passer le cap.

Le schisme attendu finit par avoir lieu à l'occasion de l'opération « Un bateau pour le Vietnam ». À l'automne 1978, la France découvre les images de ces réfugiés vietnamiens qui fuient leur pays dans des conditions hallucinantes, bravant tempêtes et pirates à bord de frêles embarcations dont beaucoup font naufrage. L'intelligentsia française s'émeut à tel point que Raymond Aron et Jean-Paul Sartre se réconcilient pour l'occasion après un demi-siècle de combats idéologiques. Bernard Kouchner, on s'en doute, ne reste pas les bras croisés. Il fait le siège des médias, mettant en branle son fameux « tapage médiatique » afin de lever des fonds en vue d'affréter un bateau,

---

1. *Ibid.*, p. 247.

l'*Île de Lumière*, censé venir en aide aux malheureux à la dérive en mer de Chine, et s'attribuant au passage la paternité du projet. À tort, une fois encore. Naturellement, sans en référer au nouveau président élu de MSF, Claude Malhuret, qu'il ne porte guère dans son cœur, le futur ministre associe MSF à l'aventure. Malgré ses réticences envers une opération qu'il juge non viable, Malhuret, dans un premier temps, avale la couleuvre : « Seule l'action comptait, pour Kouchner : il avait décidé d'agir seul au nom de MSF, sans même prendre la peine de consulter le comité de direction collégiale. Il a cru pouvoir mettre les dirigeants de MSF devant le fait accompli, du genre : "JE suis MSF et vous n'êtes que des connards [1] !" » Durant l'hiver, la crise s'envenime passablement entre les deux hommes et leurs courants respectifs, aboutissant au retrait pur et simple de MSF de l'opération « Un bateau pour le Vietnam ». Après des mois de travaux destinés à le transformer en navire-hôpital, l'*Île de lumière* lève enfin l'ancre le 14 avril 1979. Jamais, pourtant, il ne remplira la mission pour laquelle il a été affrété : le sauvetage des naufragés. Dans les faits, il restera ancré un trimestre au large de l'île de Poulo-Bidong, en Malaisie, à assurer la gestion sanitaire d'un camp de réfugiés, « un bidonville de trente-cinq mille habitants croupissant sur 1,2 kilomètre carré [2]. »

---

1. *Ibid.*, p. 297.
2. *Ibid.*, p. 302.

Au cours de la septième assemblée générale de l'association, le 7 mai 1979, Bernard Kouchner est mis en minorité. Vexé, il claque la porte de MSF et fonde, en janvier 1980, Médecins du Monde, lui fixant d'emblée trois objectifs : « Aller où les autres ne vont pas, témoigner de l'intolérable, travailler bénévolement. »

IV

Sus aux Serbes !

Les Balkans sont bien loin de l'Afrique et pourtant, il m'a paru important d'examiner comment s'y est mise en place la mécanique compassionnelle dont Bernard Kouchner sait user depuis le Biafra. Mécanique qui, rappelons-le, sanctifie toujours « ses » victimes, quitte à ne pas se montrer trop regardant sur leurs propres exactions. Mécanique qui joue inexorablement sur la corde sensible, sitôt lâchés sans retenue ni recul des mots aussi terribles que « génocide », « camps de concentration », renvoyant illico à l'imagerie tragique de la Shoah.

Le traitement réservé aux Serbes pendant la guerre des Balkans ressemble à maints égards à celui qui sera fait, au Rwanda, aux Hutus. Dans un cas comme dans l'autre, Bernard Kouchner a joué un rôle important dans la stigmatisation des deux peuples assimilés globalement à des nazis[1]. Son implication dans les conflits de l'ex-Yougoslavie a joué également un rôle important dans sa carrière. C'est en effet à Sarajevo qu'il a su gagner l'entière confiance de François Mitterrand, au point d'obtenir, pendant les huit derniers mois du gouvernement Bérégovoy, un statut privilégié de ministre-bis des Affaires étrangères pouvant intervenir dans les domaines sur lesquels il avait jeté son dévolu. On peut dire qu'il avait alors pris le pas sur le ministre en titre, Roland Dumas, et sur celui de la Défense, Pierre Joxe, deux poids lourds de la Mitterrandie. Devenu le chouchou du chef de l'État, il réussit ainsi à engager la France dans une intervention militaro-humanitaire en Somalie, malgré l'opposition frontale de Joxe.

Pour mieux comprendre son engagement en Afrique et son mode de fonctionnement, il m'a donc paru nécessaire de sortir du cadre africain dans lequel j'avais initialement décidé d'inscrire mon propos, de raconter l'action de Kouchner dans les Balkans et, en guise de préalable, de faire un bref retour en arrière pour le suivre à grandes foulées depuis son entrée en politique.

---

1. Assimilation assez paradoxale quand on sait le rôle décisif de la résistance serbe antinazie et la part des collaborationnistes parmi certains peuples récemment « émancipés » de l'ex-République yougoslave.

En 1988, le président de Médecins du Monde a en effet été récompensé pour son soutien public à François Mitterrand, quelques jours avant les élections présidentielles, par un poste de secrétaire d'État à l'Action humanitaire. Pour donner plus de poids à son sous-ministère, il tient à maintenir son emprise sur les mouvements humanitaires, comme s'il était encore président de Médecins du Monde et de Médecins sans frontières, au grand dam de ces derniers. En juillet 1990, Rony Brauman, président de Médecins sans frontières, l'accuse ainsi de tentative d'annexion de l'action humanitaire. Parlant à la télévision médicale privée Canal-Santé, Brauman déclare, à propos d'un voyage de Bernard Kouchner en Iran à la suite d'un grave tremblement de terre : « Quand on voit un ministre qui vient sur le terrain pour coordonner l'aide des secouristes français, je dis : non, ça suffit, on a dépassé la barre ! [...] Nous sommes totalement indépendants. [...] Nos engagements se font en dehors de la politique. Il n'est pas possible que nous donnions l'impression d'obéir à un gouvernement ! »

Cet empiètement agace d'autant plus nombre d'humanitaires qu'à l'occasion de la guerre du Golfe, le secrétaire d'État s'affirme comme un va-t-en-guerre. Dans *Le Monde* daté du 16 janvier 1991, à l'heure où prend fin l'ultimatum de la coalition, sous le titre « L'après-guerre du Golfe a commencé », il prône une nouvelle attitude des démocraties, davantage basée sur la morale. Il en profite pour stigmatiser les « foules pacifistes qui défilèrent le week-end dernier pour que l'on s'accommode des méthodes de l'homme de Bagdad, confortant une des dictatures les plus sanguinaires de la planète », mais aussi « les communistes que l'occasion réanime, une extrême droite antisémite qui pense que les juifs manipulent cette crise, des écologistes tendance vert-de-gris, des pacifistes de principe et de nombreux citoyens que l'absence de débats et d'explications pousse à ce qu'ils considèrent comme une prudence familiale, [lesquels] constituent la curieuse coalition des partisans des renoncements. » Il théorise en l'occurrence la notion de guerre juste : « Nous avons opté pour le respect du droit international. Cette attitude courageuse impose une morale plus haute que par le passé, interdit les reniements et contraint les diplomaties. Saddam Hussein est devenu le héros des foules du Moyen-Orient et je crois que l'absence d'explications claires lui facilite la tâche. Nous mettons trop notre drapeau dans nos poches, et celui de l'ONU. Quelle que soit l'issue des batailles ou des conférences, nous n'en aurons pas fini avec le monde arabe pour avoir choisi d'affronter celui qui les représente si mal à nos yeux, et si bien aux leurs. » Il assume le risque de soutenir une guerre juste, y compris une « guerre des civilisations » : « La crise du Golfe ne se réduit pas à l'occupation du Koweït. Il s'y amorce un combat Nord-Sud, une lutte biaisée des riches contre les pauvres, et, je le crains, un durable affrontement avec une partie du monde arabe. Méfions-nous du réveil des peuples et des religions. Ce que l'on nomme la frustration arabe est un curieux mélange d'envie et de dégoût à notre égard. Il s'y mêle des concurrences religieuses, des différences de société, des oppositions de mœurs et des aspirations de comportements. Des assauts démographiques à la conquête idéologique, les affrontements revêtiront d'autres formes qu'une bataille de chars. »

Et de définir une diplomatie militante et combattante aux côtés des « chevaliers blancs de la morale », réclamant une suspension de l'aide à l'URSS, remplacée par un soutien aux pays baltes : « Cette position entraîne ailleurs, dans le reste du monde, la même éthique de la cohérence et un humanisme de la rigueur. De la Chine à l'URSS, de la Somalie au Libéria, dans chaque pays d'Afrique, des Touareg aux Érythréens, les peuples et les hommes humiliés ou asservis doivent pouvoir faire appel à nous, être enfin entendus et secourus. Notre pays se doit d'initier cette politique et cette moralité d'après la crise du Golfe. »

Par cet éditorial, Bernard Kouchner tente d'imposer un nouveau cadre à la politique étrangère de la

France qui est alors du ressort d'un « réaliste », Roland Dumas.

Passant directement de la théorie à la pratique, le secrétaire d'État commence à mettre en application ces nouveaux critères de politique étrangère au Kurdistan. Soutenu par Danielle Mitterrand, présidente de France-Libertés, il va tenter d'imposer son concept de « droit d'ingérence humanitaire ». À la frontière de l'Irak et de la Turquie, il participe à une mission franco-américaine de largage de vivres au-dessus du village frontalier turc de Dastani, et à l'intérieur même du territoire irakien. Deux Transall C-160, chargés au total de onze tonnes de vivres, ont réalisé cette opération destinée à un « camp de fortune » abritant 60 000 réfugiés en Turquie et « 250 000 autres encore en Irak, derrière la montagne ». Dans les jours qui suivent, d'autres missions sont effectuées à partir de la base turco-américaine d'Incirlik.

Ces gesticulations ont profondément agacé Xavier Emmanuelli, futur secrétaire d'État à l'Action humanitaire d'urgence, à l'époque président d'honneur de MSF. Dans une libre opinion publiée par *Le Monde* en date du 10 mai 1991, il réagit vivement en décrivant « une représentation d'apocalypse » censée s'être déroulée près du village de Cucurka et qui a été regardée par les téléspectateurs du monde entier, lesquels « se sont vu offrir des jeux du cirque dignes de ce nom, ayant pour thème "le Naufrage d'un peuple". Ce spectacle a été particulièrement bien couvert et commenté par des ténors de haut rang, et c'est à regret qu'on le sent se terminer. Qu'il soit permis à un témoin oculaire direct de risquer quelques petits commentaires en annexe, en complément d'information, en quelque sorte..., poursuit l'ancien collègue de Bernard Kouchner. L'horreur est l'horreur, et les hommes ou les femmes politiques français que l'on voit pleurer en direct sur ce fond abominable n'en auront pas moins de chagrin, et cela n'empêchera pas, je l'espère, des déclarations fermes de solidarité, de chaleureuse compassion et d'extrême indignation par les habituels préposés. » Xavier Emmanuelli décrit ensuite le système médiatique déployé autour de la jetée d'aide alimentaire en présence des journalistes et des télévisions du monde entier : « Prévenantes, les autorités turques, malgré la précarité des routes de la région, avaient tracté jusqu'au village une immense antenne parabolique, et la minuscule poste de ce petit hameau de 4 500 habitants était transformée vingt-quatre heures sur vingt-quatre en centre international de presse d'où l'on pouvait transmettre, en n'importe quel point du monde, par téléphone, télex, téléfax ou télématique ; d'où l'on pouvait transmettre du son et, bien entendu, des images pour la télévision. Celles-ci étaient aussitôt développées, mixées, montées par la régie aimablement mise à disposition par CNN, et aussitôt envoyées aux rédactions, rapportant le désastre quasi en direct. Dans la vallée de Cucurka, on filmait la détresse des Kurdes, et l'antenne suivait la course de l'invisible satellite qui les reliaient à la civilisation. »

Et que montraient donc les télévisions ? « Deux à trois fois par jour, dans le ciel changeant du printemps, des phénomènes célestes traçaient d'invisibles signaux de solidarité au-dessus des camps, au-dessus des tentes, des voitures et des camions, au-dessus de la petite route de montagne où les convois allaient se succéder ; des avions de combat bouclaient d'immenses cercles menaçants et guerriers, ils ne faisaient qu'ouvrir une route de gloire à trois lourds transporteurs Hercules qui, après un lent petit tour de reconnaissance, pondaient au-dessus des camps des objets qui dégringolaient rapidement avant que leur chute ne soit plus ou moins freinée par d'élégantes corolles de parachutes. Parfois les parachutes ne s'ouvraient pas, parfois les objets n'avaient pas de parachute, alors ils s'éparpillaient en volées menaçantes et éclataient bruyamment contre les parois de la vallée ; parfois ils tombaient en Turquie et les soldats, vigoureusement, empêchaient le désordre et la ruée [...] ; parfois ils tombaient en Irak au milieu de la gigantesque bauge qu'était le camp, et les hommes valides, les adolescents affamés se précipitaient pour se battre autour des épaves [...] ; parfois ils tombaient dans un champ de mines, au loin, alors on était assuré d'entendre tôt ou tard le bruit d'une explosion lointaine : quelque enfant ou quelque audacieux qui avait tenté sa chance et avait perdu. Il arrivait bien sûr que des palettes écrasent une tente, tuent un malchanceux, mais, malgré cela, elles continuaient sereinement à pleuvoir en parapluies soyeux et majestueux, à tomber sur ce camp accessible par la route où des autocars entiers de journalistes parvenaient à destination... »

Et d'amorcer une conclusion : « Que l'on ne parle plus d'humanitaire dans ces montagnes tandis que l'on jette la nourriture comme à des bêtes, que l'on fait se disputer des hommes dans la fange autour des miettes... Que l'on cesse d'en parler avec des trémolos. L'action de secours n'est pas un discours de compassion. C'est une mission pragmatique bien définie, clairement établie, ce sont des équipes de médecins, d'infirmières, de logisticiens, ceux qui portent l'eau, creusent les latrines, évacuent les ordures, procurent des abris... Aucun gouvernement ne sait faire cela, car il a besoin d'un cadre d'intervention, c'est pourquoi certains se réclament d'un monstre qui n'a jamais existé, sinon par le passé, du temps de la canonnière, et qui serait le "droit d'ingérence". Plutôt que de l'invoquer pour justifier des spectacles humanitaires prodigieux qui relèvent des jeux antiques du combat et du cirque, que l'on déploie les vrais moyens qui vont empêcher les gens de mourir ! Que l'on cesse de bafouer le mot d'humanitaire ! Les soldats ne peuvent pas faire de l'humanitaire, pas plus que les politiques. Les soldats sont en mission, ils obéissent avec courage et dévouement, mais ils obéissent. Les politiques ne font que de la politique. S'ils prétendent faire autre chose, ils mentent. Ce sont les organismes non gouvernementaux, à condition qu'ils en aient la force, évaluable, mesurable, décryptable même au profane, ce sont les organismes des Nations unies qui peuvent et doivent intervenir. C'est le savoir-faire et la pudeur, la compétence et le secret qui régissent les rapports de compassion et le mystérieux engagement vers l'autre. Il ne faut pas se mettre en scène sur la mort des autres, il y va de l'honneur de l'homme, il y va de son respect. Cet horrible désastre n'est pas un spectacle. Il continuera même quand les caméras seront rentrées chez elles... avec encore plus de férocité, plus d'abandon, plus d'amertume. Je demande que les témoins regardent, bien sûr, mais comprennent que ce sont des solutions de proximité, les mains dans la boue, mais des mains expertes, qui aident... Je demande qu'ils rendent compte afin de permettre ces actions et de permettre qu'elles durent, même quand les médias n'y seront plus et qu'un autre désastre aura remplacé celui-là. »

Au-delà de cette prise de position publique à laquelle, même passé dix-sept ans, j'adhère pleinement, il y a eu alors, dans le secret des cabinets ministériels, une bataille homérique entre Kouchner et ses adversaires au Quai d'Orsay et à la Défense. Si Emmanuelli évoque discrètement les morts collatérales pour cause de colis largués d'avion, les militaires et agents des services secrets se montrent bien plus précis : ces largages ont fait des *dizaines de morts* ! Des arguments qui, ajoutés à ceux développés par Emmanuelli, pèseront lourd dans les discussions orageuses au terme desquelles les opérations au Kurdistan seront arrêtées, et Bernard Kouchner passera de la tutelle de Matignon à celle des Affaires étrangères.

Marie-Pierre Subtil écrit alors dans *Le Monde* daté du 25 mai 1991 : « Étant sous la tutelle de Matignon, le fougueux secrétaire d'État ne s'est pas toujours embarrassé des positions officielles de la France vis-à-vis de l'étranger. D'aucuns estiment que les frictions quasi permanentes avec le Quai d'Orsay expliquent que celui-ci ait fait "main basse" sur lui. Mais, hasard du calendrier, ce changement de gouvernement est survenu quelques semaines après l'intervention des forces alliées au Kurdistan au nom du "droit d'ingérence humanitaire", vieux leitmotiv de M. Kouchner, devenu un cheval de bataille de la politique étrangère française. »

Précisons que dans son engagement en Irak, Bernard Kouchner fera un tri parmi les victimes du régime de Saddam Hussein : il ne s'est engagé qu'en faveur des Kurdes, et n'a pas prononcé un mot en faveur des chiites, pourtant alors massacrés par milliers...

Après trente-cinq années à la tête du parti unique et donc de la Fédération yougoslave qu'il a largement contribué à créer au sortir de la Seconde Guerre mondiale, le vieux maréchal Tito meurt le 4 mai 1980. Cette disparition, l'effritement de l'influence de la Ligue communiste qui en découle, vont progressivement laisser le champ libre aux nationalismes des différentes composantes de la République socialiste fédérative de Yougoslavie (RSFY), notamment au nationalisme serbe dont la figure de proue va devenir Slobodan Milosevic[1], président de la Serbie de mai 1989 à octobre 2000, entraînant *de facto* un lent et inexorable délitement du pays tout au long des années 1980. Le 28 février 1991, le leader nationa-

---

1. Accusé par le TPIY de crimes de guerre, crimes contre l'humanité et génocide, il meurt en prison le 11 mars 2006.

liste serbe Milan Babic[1] met le feu aux poudres en proclamant unilatéralement l'indépendance de la petite république serbe de Krajina dont le territoire s'étend sur près d'un quart de la Croatie, aux confins de sa frontière avec la Bosnie-Herzégovine. Dès le printemps de cette même année, les affrontements commencent. Malgré leur défaut de légitimité, les sécessionnistes sont soutenus par les autorités serbes de Belgrade qui vont aller jusqu'à utiliser les forces aériennes de la Fédération contre les Croates.

Le 25 juin 1991, suite à un référendum autorisé par leurs constitutions respectives, la Slovénie et la Croatie annoncent qu'elles quittent à leur tour la Fédération yougoslave. L'Allemagne, l'Autriche, le Vatican et, peu après, les États-Unis reconnaissent le nouvel État croate. Quarante-huit heures plus tard, l'armée fédérale, majoritairement composée de Serbes et de Monténégrins, tente par la force de maintenir l'unité. En Slovénie comme en Croatie, de violents combats opposent les milices populaires indépendantistes aux forces fédérales. Supérieurs en nombre, les Slovènes s'imposent rapidement sur leur propre territoire. Le 6 juillet, l'armée fédérale (JNA) est contrainte de capituler en Slovénie, cependant

---

1. Il sera condamné à treize ans de prison par le TPIY et retrouvé mort dans sa cellule le 5 mars 2006.

qu'en Croatie elle entame, en août, le siège de la ville de Vukovar, qui ne s'achèvera qu'en novembre.

Le 27 août 1991, l'Union européenne met en place une commission chargée d'examiner le dossier, sous la présidence de Robert Badinter. Après étude approfondie, cette commission estime que la Yougoslavie en tant qu'État fédéral est en voie de désintégration imminente, et préconise donc la reconnaissance des deux États sécessionnistes en vertu des droits appliqués à la décolonisation. Bien que la France renâcle, l'Allemagne fonce et l'UE reconnaît finalement la légitimité des deux nouvelles nations. Pour la diplomatie européenne, cette décision entérine *de facto* la mort de la fédération yougoslave.

Dans le même temps, les Serbes disséminés dans les différentes républiques de la fédération commencent à se regrouper et à se structurer sous l'égide du nationaliste Radovan Karadzic [1], marquant ainsi une nette radicalisation de leur positionnement politique, cependant que dans la Croatie assiégée, le président croate Franjo Tudjman en appelle à la mobilisation générale pour lutter contre « le projet de Grande

─────────

1. Dirigeant des Serbes de Bosnie, il sera accusé de crimes de guerre et de génocide pour avoir orchestré le siège de Sarajevo et organisé avec le général Ratko Mladic le massacre de huit mille musulmans bosniaques à Srebrenica. En fuite depuis la fin de la guerre, il a été arrêté le 21 juillet 2008 et emprisonné aux Pays-Bas.

Serbie » qu'appellent de leurs vœux les franges extrêmes des nationalistes serbes.

Le 29 février 1992, c'est au tour de la Bosnie-Herzégovine de proclamer par voie référendaire son indépendance. Le oui l'emporte largement, par 63 % des suffrages exprimés. Ce sont essentiellement les musulmans (43 % de la population) et les Croates (17 %) qui ont voté en faveur de l'émancipation, tandis que la population serbe – un peu plus du tiers des Bosniaques – a, elle, massivement voté non. La nouvelle République est aussitôt reconnue par la communauté internationale. Le 22 mai de cette même année, les trois nouveaux États sont intégrés à l'ONU.

Cependant, à l'instar de la Croatie et de la Slovénie, la Bosnie-Herzégovine fait à son tour l'objet d'une attaque en règle de l'armée fédérale sous commandement essentiellement serbe. Dès le 5 avril 1992, les Serbes de Bosnie entament le siège de Sarajevo, qui va durer jusqu'au 29 février 1996 et deviendra le plus long siège de l'histoire de la guerre moderne. Bien qu'en nombre largement inférieur les forces serbes, soutenues par la Fédération, sont bien mieux équipées que leurs homologues bosniaques. Elles prennent position sur les collines qui dominent la ville, et la pilonnent sans relâche. Dès lors, un implacable blocus se met en place. Plus que les vivres ou encore les médicaments, ce sont l'eau et l'électricité qui viennent le plus rapidement à manquer. Pourtant, malgré la violence des combats journaliers et la sévérité du blocus, Sarajevo, contre toute attente, ne se rend pas.

Les 26 et 27 juin 1992 se tient à Lisbonne un sommet de l'Union européenne destiné à faire le point sur le calendrier de ratification du traité de Maastricht et à en souligner encore une fois l'importance primordiale pour l'avenir de l'Union. Le samedi matin 27, François Mitterrand et le chancelier allemand Helmut Kohl partagent leur petit déjeuner. Les deux hommes sont inquiets : la situation à Sarajevo, qui commence à ébranler et monopoliser les consciences, risque de compromettre l'issue du référendum sur le traité de Maastricht qui doit avoir lieu en septembre et dont le résultat paraît alors incertain. Le président français sait qu'il lui faut accomplir un geste fort pour donner une traduction concrète aux positions de l'Europe. Il a reçu un message alarmant d'Izetbegovic, le président de Bosnie-Herzégovine. Celui-ci désigne les Serbes comme les agresseurs. Dans la nuit, les ministres des Affaires étrangères de l'Union réussissent à se mettre d'accord sur un texte qui évoque mollement le soutien européen à l'« utilisation de moyens militaires pour parvenir à des fins strictement humanitaires [1] ». Dans sa chambre d'hôtel, Bernard Kouchner, que l'on a fait venir de Paris, enrage de ne pas être de la mission

---

1. In Michel Floquet et Bertrand Coq, *Les Tribulations de Bernard K. en Yougoslavie*, Albin Michel, 2000, p. 104.

européenne qui doit s'envoler pour Sarajevo et dont la rumeur prétend qu'elle va être confiée à Roland Dumas. Le tout récent ministre de la Santé et de l'Action humanitaire veut à tout prix en être, lui qui depuis des semaines fait du forcing auprès du président pour le convaincre de la nécessité d'une action en Bosnie. François Mitterrand décide alors non seulement de se rendre lui-même à Sarajevo, mais d'emmener Bernard Kouchner qu'il aime bien, voit et écoute de plus en plus. Au-delà de la question bosniaque, il a mesuré que Kouchner, l'homme politique réputé le plus aimé des Français, selon les sondages, peut se révéler un très utile instrument de communication à son service dans une phase difficile, à la fois parce que sa santé n'est pas bonne et parce qu'il est en butte aux attaques de Serge Klarsfeld et de ses amis, mais aussi à celles du juge Jean-Pierre [1]... François Mitterrand se fait donc accompagner de Bernard Kouchner et de deux journalistes, Véronique Decoudu, de l'AFP, et Claude Azoulay, de *Paris-Match*.

---

1. Serge Klarsfeld, qui reproche à François Mitterrand d'avoir fait déposer des gerbes sur la tombe du maréchal Pétain et d'avoir retardé le procès de René Bousquet, se bat pour la reconnaissance de la responsabilité de la République française dans les persécutions et les crimes de Vichy contre les Juifs de France. Le juge Jean-Pierre, après avoir été dessaisi du dossier Urba (fausses factures pour le financement du PS) s'est lancé dans une nouvelle traque visant le président via son ami Roger-Patrice Pelat.

Le président et son ministre passent la soirée à Split avec le ministre des Affaires étrangères croate et l'ambassadeur de France accouru en toute hâte de Zagreb. François Mitterrand précise alors que le but de son voyage est « à usage humanitaire uniquement ». Dans Sarajevo assiégée, la nouvelle de la venue imminente du président français prend les autorités de court. Pour le président Izetbegovic, un nationaliste musulman qui rêve d'instituer un État islamiste au cœur de l'Europe méridionale, il est important que le protocole – réduit au minimum, vu les circonstances – soit respecté au plus près, alors même que la ville subit des bombardements intensifs. Parmi la population locale prise au piège, emmurée depuis déjà trois longs mois, la visite de François Mitterrand soulève un immense espoir.

Le 28 juin, contre l'avis des forces armées qui estiment ne pas pouvoir garantir à cent pour cent la sécurité, l'hélicoptère Dauphin du président se pose sur la piste de Sarajevo, lequel fait depuis des semaines l'objet d'un pilonnage intensif des Serbes qui entendent bloquer par là l'aide internationale. À peine descendu de l'appareil, Bernard Kouchner, qui a toujours une bonne formule à lancer à la presse, déclare, visiblement satisfait : « Mission accomplie : l'aéroport est réouvert[1]. »

---

1. *Les Tribulations...*, *op. cit.*, p. 107.

Dès lors, pour le président et son entourage, commence un marathon de six heures, incluant : visite aux casques bleus de la Forpronu, dont la mission principale est d'escorter les convois humanitaires de l'ONU ; visite aux hôpitaux, dont on lira dans la presse qu'il sont forcément démunis de tout, ce qui se révélera faux, puisque les vraies carences en matière médicale ne démarreront que trois mois plus tard ; puis déjeuner au Palais présidentiel, durant lequel trois obus tombent à proximité. Au cours du repas, le président Izetbegovic évoque devant François Mitterrand et les officiels français l'existence de « camps d'extermination » en Bosnie, avant de réitérer ces affirmations devant la presse. C'est là le début d'une énorme manipulation...

À l'issue du repas, le président Izetbegovic tient à faire les honneurs de la ville à son hôte français, en dépit des combats en cours. Mitterrand, qui croit à la symbolique des gestes, va se recueillir un instant et déposer une rose devant une boulangerie où un obus a fauché dix personnes, quelques jours auparavant. Puis vient l'heure de la conférence de presse. Là, devant un parterre de journalistes, le président réitère ses dires sur les mobiles et les contours de son action : « Il ne s'agit pas de livrer une guerre à qui que ce soit », déclare-t-il, avant d'ajouter qu'il est venu « pour voir, témoigner, observer, écouter ». Pourtant, que ce soit dans l'entourage de François Mitterrand ou dans les rangs des organisations humanitaires, d'aucuns enragent de cette relative tiédeur du président français, alors qu'ils espéraient de sa part un soutien politique et militaire explicite à la résistance bosniaque. Mais le chef de l'État reste ferme sur ses positions, affirmant qu'« ajouter la guerre à la guerre ne résoudrait rien[1] ». Une position qui fera dire à Rony Brauman que François Mitterrand avait atterri à Sarajevo en président de la République et en était reparti en président de la Croix-Rouge.

Pour autant, cette visite hautement « médiatique » ne se révélera pas totalement inutile. Après le départ du président, le contrôle de l'aéroport va bien être remis aux forces onusiennes, et un corridor humanitaire être ouvert. Même souvent interrompu par les combats, il sera le seul lien de Sarajevo avec l'extérieur jusqu'à sa chute, le 29 février 1996.

Mais ce « raid » à Sarajevo a des conséquences directes et très concrètes pour Bernard Kouchner dont e poids s'en trouve considérablement renforcé. Alors qu'à l'atterrissage de l'avion qui le ramène à Paris il s'inquiète de la présence sur le tarmac de Pierre Joxe et de Roland Dumas, le président lui lance : « Aujourd'hui,

---

1. In Rony Brauman, *Penser dans l'urgence*, éd. du Seuil, p. 219.

le héros, c'est vous ! Alors, n'ayez pas peur ; au contraire, allez-y franchement ! Roulez des mécaniques ! » Bernard Kouchner jubile : « L'action humanitaire a enfin droit de cité en politique[1] ! » Le voilà désormais admis dans le « premier cercle » de l'entourage de François Mitterrand. Tous les Français seront informés de ce nouveau statut, au mois de septembre suivant, quand ils apprendront par leurs journaux que Bernard Kouchner et Christine Ockrent ont été invités par le président séjournant en convalescence à Belle-Île-en-Mer...

Le *New York Newsday*, modeste journal new-yorkais, fait la une de son numéro du 2 août 1992 avec un article intitulé « Camps de la mort ». Roy Gutman, l'auteur, traite des camps de prisonniers tenus par des Serbes, en particulier celui d'Omarska. Il utilise à ce propos les termes de « camps de concentration » tout en reconnaissant n'avoir pas visité personnellement ces fameux camps. Il tient ses informations de deux sources : la première, dont il n'est pas certain qu'il s'agisse d'un témoignage direct, émane d'un certain Alija Lujinovic qui affirme qu'« à Brcko, mille trois cent cinquante personnes ont été massacrées entre la mi-mai et la mi-juin ». La seconde provient d'un cer-

---

1. In *Les Tribulations de Bernard K. en Yougoslavie, op. cit.*, p. 109.

tain Mého qui décrit avec force détails les exactions et assassinats survenus dans le camp de détenus d'Omarska. L'article est repris par de nombreux médias américains, puis dans le reste du monde. Comme le soulignent Michel Floquet et Bertrand Coq dans leur livre *Les Tribulations de Bernard K. en Yougoslavie*, il n'est à aucun moment fait état d'une liquidation systématique de population. Mého s'en tient à une description précise de la vie du camp qui sera d'ailleurs rapidement corroborée par d'autres témoins. Cette description reflète le quotidien d'un camp de prisonniers, et ce, qu'il soit tenu par des Serbes, des Croates ou des musulmans bosniaques. Cela n'en fait pas pour autant un « camp de la mort » semblable à ceux mis en place par les nazis durant la Seconde Guerre mondiale. Mais, du fait de l'emploi des mots « camps de la mort » et « camps de concentration », pour les médias comme pour le grand public, la barbarie génocidaire fait son retour dans le conflit de l'ex-Yougoslavie. Aussitôt, Kouchner, qui retrouve là un de ses thèmes de prédilection, monte au créneau avec l'énergie frénétique qu'on lui connaît. Instantanément, quelques intellectuels, parmi lesquels Pascal Bruckner, Alain Finkielkraut, André Glucksmann et bien évidemment l'incontournable Bernard-Henri Lévy, lui emboîtent le pas dans un concert véhément de protestations médiatiques où chacun, depuis sa tribune, rivalise d'indignation.

Afin de contrecarrer les effets désastreux de cette campagne, les Serbes ouvrent le camp d'Omarska à une équipe de télévision britannique. Pour l'administration de Belgrade qui contrôle l'action des Serbes de Bosnie, il s'agit de montrer à la communauté internationale que les prisonniers ne sont pas victimes de massacres de masse, mais que leur traitement, s'il n'est pas formidable, n'est pas pire qu'ailleurs, et qu'en tout état de cause Omarska n'a rien à voir avec Birkenau ou Auschwitz. Pour les dirigeants de Belgrade élevés dans le souvenir obsessionnel de la Seconde Guerre mondiale et de ses atrocités, il ne fait aucun doute que le monde va réaliser sa méprise [1]. Mais c'est précisément l'inverse qui va se passer. Le soir même, toutes les télévisions du monde diffusent en boucle les images de ces hommes faméliques et massés derrière des barbelés. Ces images provoquent immédiatement des réactions aux antipodes de celles escomptées par Belgrade. Elles bouleversent les téléspectateurs occidentaux et confèrent au conflit une tout autre tournure. Dans la nuit du 11 au 12 août, le Conseil de sécurité des Nations-Unies vote les résolutions 770 et 771 exigeant que le CICR ou toute autre organisation humanitaire puisse avoir librement accès aux camps qui ont été recensés : six Croates, deux

---

1. In *Les Tribulations de Bernard K. en Yougoslavie, op. cit.*, p. 168.

Serbes, un Bosniaque musulman. Bernard Kouchner s'envole aussitôt pour la Bosnie, non sans emmener avec lui – on ne se refait pas... – Benoît Gysemberg, de *Paris-Match*, Isabelle Elsen, du *Journal du Dimanche*, Didier François, de *Libération*, et Nahida Nakad, de TF1. En route, ministre et journalistes font une escale à Genève, le temps d'embarquer Charles Lamunière, haut fonctionnaire des Nations-Unies qui aura la lourde charge de « partager la preuve », selon le ministre qui a toujours le sens de la formule.

Le lendemain matin, Kouchner, qui a clamé partout qu'il pénétrerait dans les camps qu'il a décidé de visiter, se rend donc, guidé par les autorités serbes, au fameux camp d'Omarska qui est alors presque entièrement vidé de ses prisonniers. Le ministre-témoin ne s'y attarde pas plus d'une quinzaine de minutes. Puis on le conduit à Manjaca. Là, la situation est plus proche de l'idée qu'il se fait de la réalité : le camp est en effet surpeuplé. Le cadre est bon pour une bonne interview télévisée avec visage grave et ton haletant de circonstance. Enfin, pour finir, ce sera Trnopolje : là encore, il n'y a pas grand-chose à voir. Par souci d'apparente équité entre les belligérants, le ministre visitera deux pseudo-camps bosniaques et une prison militaire où l'on n'en verra pas davantage. Dans le *Paris-Match* de la semaine suivante, le ministre réécrit l'histoire en affirmant « avoir choisi les camps au dernier moment ». Durant les 48 heures qu'a duré son voyage, Kouchner n'a été que la dupe des autorités d'un bord comme de l'autre : les camps où il est soi-disant allé au tout dernier moment avaient déjà, à l'époque, été visités par de nombreux journalistes ; quant aux autres – une dizaine en tout –, ils lui sont restés définitivement fermés.

Pour l'heure, sur le terrain, c'est l'exode des populations : près de trois millions de personnes vont être déplacées ou fuiront les combats durant les mois à venir. Une politique d'épuration ethnique est mutuellement pratiquée par les belligérants, le plus souvent pour s'arroger la terre des gens chassés. Ces actions se prolongent parfois par des massacres.

Le ministre et ses relais médiatiques ne s'encombrent pas de nuances. Pour eux, le mal porte un nom, et un seul : les Serbes. Et de marteler qu'il est urgent de faire quelque chose, que la situation l'exige, qu'on massacre à trois heures d'avion de Paris, que c'est bel et bien un « génocide » qui est en cours dans les camps serbes ! Le concept d'ingérence humanitaire, nouvelle guerre du Bien contre le Mal, fait de plus en plus son chemin dans l'opinion au nom de la morale politique et de la défense des droits de l'homme. Kouchner prend la posture d'un Pierre L'Hermite appelant jadis les fidèles à partir en Terre sainte pour la première croisade parce que *Dieu le veut !*

Au même moment, le *New York Times* sape les bases de cette nouvelle croisade en affirmant que « les services de renseignement US ont redoublé d'efforts, mais n'ont trouvé *aucune preuve* de massacre systématique des prisonniers croates et musulmans dans les camps serbes. » Même son de cloche sur la BBC-Radio par la voix du journaliste Alan Little : « Mon souci était que les camps ne soient pas décrits comme des camps de concentration. Les gens n'y étaient pas détenus indéfiniment. Ils n'étaient pas détenus pour y être exterminés en masse. Rien de pareil aux camps de concentration nazis. »

En janvier et février 1993, alors que le conflit revêt des proportions que ni le Conseil de sécurité, ni la communauté internationale, ni la Forpronu ne sont capables d'endiguer, démarre la campagne publicitaire de Médecins du Monde stigmatisant sans discernement le peuple serbe. Cette campagne, d'un montant estimé à deux millions de dollars, inclut une vaste campagne d'affichage et des spots télés diffusés pendant trois semaines sur les chaînes françaises, avec le concours de stars comme Michel Piccoli et Jane Birkin qui dénoncent les crimes contre l'humanité perpétrés par les Serbes. L'objectif de cette campagne est net : créer un choc émotionnel dans

l'opinion en assimilant les nationalistes serbes aux
nazis [1].

En quatre mètres sur trois, des affiches montrent
Hitler aux côtés de Milosevic, sur fond de camp rappelant un camp de concentration, avec pour légende :
« Un camp où l'on purifie les ethnies, ça ne vous
rappelle rien ? » – et, en bas, en guise de revendica-
tion : « Halte aux crimes contre l'humanité des nationalistes serbes ! » D'autres affiches représentent un
corps squelettique derrière des barbelés, symbole du
camp de concentration. « On peut penser ce que l'on
veut du dirigeant de Belgrade, mais l'amalgame
constitue une véritable diabolisation du peuple serbe,
un odieux appel à la haine, une banalisation du
nazisme, une assimilation scandaleuse qui déshonore
ses auteurs », écrit avec justesse José Fort dans *L'Humanité* du 6 janvier 1993. Et le journal communiste
de poursuivre : « "Médecins du Monde" joue là un
jeu très dangereux. Cette organisation, issue d'une
scission avec "Médecins sans frontières" et largement
sponsorisée par le ministre Bernard Kouchner, a pour
vocation officielle d'agir sur le plan humanitaire. Et

1. Il ne s'agit certes pas ici de dédouaner les Serbes des exactions commises durant cette guerre, mais de montrer comment
s'est opérée une stigmatisation systématique à leur encontre
alors même que les deux autres parties en présence, les musulmans et surtout les Croates, n'étaient pas exemptes, loin s'en
faut, d'agissements du même ordre.

la voici qui mène une campagne politique d'incitation à la guerre. Son principal inspirateur et bailleur de fonds n'est bien entendu pas étranger à l'affaire [...]. Ces affiches révoltantes ne sont pas le résultat d'un acte spontané et irréfléchi : la démarche vient de loin. Elle a été savamment concoctée et s'intègre dans la politique kouchnérienne à grand spectacle, racoleuse, qui vise, sous prétexte d'"ingérence humanitaire", à mettre sur pied la formule américaine du nouvel ordre international, c'est-à-dire le droit des plus riches, des plus puissants de s'ériger en gendarmes internationaux. »

Médecins du Monde a en effet organisé cette curieuse publicité à partir de faits tronqués, et ainsi fait entrer ceux qui acceptent une telle campagne dans le camp du bien au prix d'une importante manipulation. Quelques années plus tard, dans son propre livre, *Les Guerriers de la paix*[1], Bernard Kouchner confessera d'ailleurs le trucage. Au matin du 2 décembre 2003, il se rend en compagnie de l'ambassadeur américain Richard Holbrooke au chevet de l'ex-président bosniaque Alia Izetbegovic, dans un hôpital de Sarajevo[2]. L'homme est mourant. L'heure est à la sincérité :

---

1. Grasset, 2004.
2. Bernard Kouchner, toujours admiratif de l'ex-président bosniaque, qualifie l'instant de « moment de grâce ». Qu'il y ait eu falsification des faits relayée et amplifiée par lui est une autre histoire... La morale peut être souple quand elle sert la cause – « sa » cause.

« Vous souvenez-vous de la visite du président Mitterrand ? demande Kouchner.

– Je m'en souviens encore, répond Izetbegovic.

– Au cours de la conversation, vous avez parlé de l'existence de "camps d'extermination" en Bosnie. Vous avez répété cela devant les journalistes. Cela a provoqué une émotion considérable dans le monde. François m'a envoyé à Omarska et nous avons ouvert d'autres prisons. C'étaient des endroits horribles, mais les gens n'étaient pas systématiquement exterminés. Le saviez-vous ?

– Oui, admet Izetbegovic, j'ai pensé que mes révélations pourraient précipiter les bombardements. J'ai vu les réactions des Français et des autres... Je m'étais trompé.

– Vous avez compris, à Helsinki, que le président Bush senior ne réagirait pas, ajoute Holbrooke.

– Oui, j'ai essayé, mais l'estimation était fausse. Il n'y avait pas de camps d'extermination, quelle qu'ait été l'horreur de ces endroits... »

L'opération publicitaire de Médecins du Monde a contribué à faire prévaloir une vision partielle et partiale du conflit. En jouant exclusivement sur l'affect, le ministre Kouchner, via Médecins du Monde et quelques intellectuels français[1] qui participent du

---

1. Au même moment, BHL lançait un appel à une souscription nationale afin d'acheter des armes pour les Bosniaques,

même univers ont exacerbé les tensions dans cette région du monde. L'ex-*French doctor* a vu dans le conflit des Balkans l'occasion de mettre en pratique cet interventionnisme humanitaire qu'il appelle de ses vœux depuis le Biafra. Est-il surprenant de constater une nouvelle fois la convergence totale des agissements de Kouchner dans les Balkans avec ceux des Américains qui, après avoir œuvré à l'éclatement de la Fédération yougoslave, ont soutenu les États balkaniques nouvellement créés contre la seule puissance régionale existante, de surcroît liée à Moscou, pour asseoir leurs intérêts économiques (notamment pétroliers) et stratégiques par le biais de l'OTAN ?

Dans son livre, *Les Vérités yougoslaves ne sont pas toutes bonnes à dire*[1], le journaliste Jacques Merlino a interviewé James Harff, directeur de *Ruder Finn*, agence américaine de relations publiques, lequel avouait sans détours ni états d'âme, et même assez crânement, avoir monté de toutes pièces l'opération « camps d'extermination », avoir répandu de fausses informations émanant des Croates, des musulmans bosniaques et, plus tard, des Albanais du Kosovo. Cette interview mérite d'être longuement citée, tant elle montre comment, depuis la chute du Mur de Ber-

---

« de même qu'en 1936 on réclamait des canons pour l'Espagne ».

1. Albin Michel, 1993.

lin, l'opinion s'est trouvée tellement abusée qu'elle n'a pas vu comment, derrière la buée des bons sentiments, se cachaient des opérations de reconquête anglo-saxonnes dans le cadre desquelles sont venues s'inscrire plusieurs démarches kouchnériennes comme celle menée récemment au Rwanda :

> **Merlino** : *Monsieur Harff, ce qui m'intéresse en premier lieu, c'est d'essayer de comprendre votre méthode de travail.*

> **Harff :** C'est très simple. Un fichier, un ordinateur et un fax, voilà l'essentiel de nos outils de travail. Le fichier comprend quelques centaines de noms, journalistes, hommes politiques, représentants d'associations humanitaires, universitaires. L'ordinateur trie ce fichier selon une série de thèmes croisés afin de présenter des cibles très efficaces. Et cet ordinateur est relié à un fax. Ainsi, nous pouvons en quelques minutes diffuser une information précise à tous ceux dont nous pouvons penser qu'ils réagiront. Notre métier est de disséminer l'information, de la faire circuler le plus vite possible pour que les thèses favorables à notre cause soient les premières à être exprimées. La vitesse est un élément essentiel. Dès qu'une information est bonne pour nous, nous nous devons de l'ancrer tout de suite dans l'opinion publique. Car nous savons parfaitement que c'est la première affirmation qui compte. Les démentis n'ont aucune efficacité.

M. *À quel rythme intervenez-vous ?*

H. Ce n'est pas la quantité qui est importante. C'est la capacité d'intervenir au bon moment et auprès de la personne adéquate. Je peux vous donner quelques chiffres, si vous le souhaitez. Ainsi, de juin à septembre [1992], nous avons organisé trente entretiens avec les principaux groupes de presse et nous avons diffusé treize informations exclusives, trente-sept fax de dernière minute, dix-sept lettres officielles et huit rapports officiels. Nous avons également organisé des rencontres entre des officiels bosniaques et le candidat à la vice-présidence Al Gore, le très actif secrétaire d'État Lawrence Eagleburger et dix sénateurs influents, dont George Mitchell et Robert Dole. Nous avons donné 48 coups de téléphone à des membres de la Maison-Blanche, 20 à des sénateurs et près de 100 à des journalistes, éditorialistes, présentateurs de journaux télévisés et autres personnages influents dans les médias.

M. *Quelle précision ! Mais, dans tout ce travail, de quoi êtes-vous le plus fier ?*

H. D'avoir réussi à mettre de notre côté l'opinion juive. La partie était très délicate et le dossier comportait un très grand danger de ce côté-là. Car le président Tudjman a été très imprudent dans son livre *Déroute de la vérité historique*. À lire ses écrits, on peut l'accuser d'antisémitisme. Du côté bosniaque, cela ne se présentait pas mieux, car le président Izetbegovic avait, dans sa Déclaration islamique publiée en 1970, pris trop fortement position en faveur d'un État islamique et fondamentaliste. En outre, le passé de la Croatie et de la Bosnie avaient été marqués par un antisémitisme réel et cruel. Plusieurs dizaines de milliers de juifs ont été supprimés dans les camps croates. Il y avait donc toutes les raisons pour que les intellectuels et les organisations juives soient hostiles aux Croates et aux Bosniaques. Notre challenge était de renverser cet état de chose. Et nous avons réussi d'une manière magistrale. Entre le 2 et le 5 août 1992, lorsque le *New York Newsday* a sorti l'affaire des camps. Nous avons alors saisi l'affaire au bond et, immédiatement, nous avons circonvenu trois grandes organisations juives : la B'nai B'rith Anti-Defamation League, l'American Jewish Committee et l'American Jewish Congress. Nous leur avons suggéré de publier un encart dans le *New York Times* et d'organiser une manifestation de protestation devant les Nations Unies. Cela a formidablement marché ; l'entrée en jeu des organisations juives aux côtés des Bosniaques fut un extraordinaire coup de poker. Aussitôt, nous avons pu, dans l'opinion publique, faire coïncider Serbes et nazis. Le dossier était complexe, personne ne comprenait ce qui se passait en Yougoslavie, et, pour être franc, je vous dirai que la grande majorité des Américains se demandaient dans quel pays d'Afrique se trouvait la Bosnie, mais, d'un seul coup, nous pouvions présen-

101

ter une affaire simple, une histoire avec des bons et des méchants. Nous savions que l'affaire se jouerait là. Et nous avons gagné en visant la bonne cible : la cible juive. Aussitôt, il y eut un très net changement de langage dans la presse avec l'emploi de termes à très forte valeur affective, tels que purification ethnique, camps de concentration, etc., le tout évoquant l'Allemagne nazie, les chambres à gaz et Auschwitz. La charge émotionnelle était si forte que plus personne ne pouvait aller contre, sous peine d'être accusé de révisionnisme. Nous avons tapé en plein dans le mille.

M. *Peut-être. Mais, entre le 2 et le 5 août 1992, vous n'aviez aucune preuve que ce que vous disiez était vrai. Vous ne disposiez que des articles de* Newsday.

H. Notre travail n'est pas de vérifier l'information. Nous ne sommes pas équipés pour cela. Notre travail, je vous l'ai dit, est d'accélérer la circulation d'informations qui nous sont favorables, de viser des cibles judicieusement choisies. C'est ce que nous avons fait. Nous n'avons pas affirmé qu'il y avait des camps de la mort en Bosnie, nous avons fait savoir que *Newsday* l'affirmait.

M. *Mais c'est une énorme responsabilité ! Vous rendez-vous compte de cette responsabilité ?*

H. Nous sommes des professionnels. Nous avions un travail à faire et nous l'avons fait. Nous ne sommes pas payés pour faire de la morale. Et quand bien même le débat serait placé sur ce terrain, nous aurions la conscience tranquille. Car si vous voulez prouver que les Serbes sont de pauvres victimes, allez-y, vous serez bien seul ! »

Grâce à cette magistrale désinformation, Izetbegovic obtiendra ses bombardements. Le 10 avril 1994, au terme d'un engagement toujours plus conséquent de la Forpronu, le Conseil de sécurité autorise les frappes aériennes. Ce faisant, les forces soi-disant « neutres » d'interposition onusiennes vont apporter une aide qui se révélera décisive pour les musulmans de Bosnie. À la même époque, les Casques bleus faciliteront pareillement au Rwanda la victoire des « bons » Tutsis contre les « méchants nazis » Hutus...

V

Sacs de riz et soutien de la politique américaine en Afrique

« Ah, la superbe image ! Bernard et son riz Uncle Ben's dans la poussière des vieux camions de l'espoir[1]... » Le ministre des Affaires étrangères ne supporte plus qu'on lui rappelle cet épisode où l'on voit « notre Kouchner de la guerre ahanant sous ses sacs de riz, un œil sur les caméras, l'autre sur son destin planétaire ». Il a même fait un esclandre, sur *France 24*, le 18 juillet 2008, face à Ulysse Gosset, lors de l'émission « Le Talk Show de Paris ». Pourquoi ? À cause des « illustrations bêtasses » contenues dans le portrait qui précédait l'interview. Quatre

---

1. Erik Emptaz dans *Le Canard enchaîné* du 9 décembre 1992.

mois plus tard – hasard ou nécessité ? –, Ulysse Gosset était contraint de quitter la chaîne qui dépend de l'Audiovisuel extérieur de la France, dirigé par Mme Kouchner[1].

C'est pourtant à Mogadiscio que Kouchner aura ciselé le statut international qui fera de lui, selon le *Time*, un des « héros » de ces soixante dernières années. À l'instar de l'expérience biafraise, l'équipée somalienne a été riche d'enseignements et d'ambiguïtés. Elle a montré que le « logiciel de saint-Paul[2] » soulageait peut-être la conscience des « nouveaux colonisateurs », mais créait davantage de problèmes qu'il n'en résolvait dans les pays du Sud. Non seulement l'engagement massif des GI américains en 1993 n'aura pas réglé les problèmes humanitaires de la Somalie, mais l'opération aura tourné au fiasco. Après la mort de 18 soldats américains traînés par la populace dans les rues de Mogadiscio, l'Occident se sera retiré, laissant un pays éclaté aux mains des seigneurs de la guerre...

En même temps qu'il s'impliquait dans le conflit des Balkans, Bernard Kouchner s'est intéressé de près à la Corne de l'Afrique et à la région des Grands Lacs, deux zones dont les « chevaliers blancs » amé-

---

1. Ulysse Gosset a été vidé de la chaîne selon « un ordre venu d'en haut », dixit *Le Canard enchaîné* n° 4595, 19 novembre 2008, page 4.

2. Pour reprendre une expression d'Hubert Védrine.

ricains avaient entrepris le remodelage en leur faveur, évidemment au nom des grands principes, du respect des droits de l'homme et de l'aide humanitaire. C'est qu'après la chute du Mur de Berlin et le démembrement de l'Union soviétique, l'Afrique, théâtre du duel par procuration opposant les deux superpuissances, subit les effets du déclin de la seconde et la montée en puissance de la première. Durant la décennie 1990, dans le cadre du New breed of African leaders, Washington va appuyer Yoweri Museveni (Ouganda), participer à l'installation au pouvoir de Paul Kagame (Rwanda), d'Issayas Afeworki (Érythrée), de Meles Zenawi (Éthiopie) et de Laurent Désiré Kabila (RDC), et abandonner d'anciens amis et protégés comme Juvénal Habyarimana (Rwanda) et Mobutu Sese Seko (Zaïre).

Le renversement en 1991 du régime cryptomarxiste de l'Éthiopien Mengistu Haïlé Mariam est un coup dur pour les rebelles soudanais du Sudan People Liberation Movement (SPLM) qui luttaient pour le renversement du régime de Khartoum à partir de l'Éthiopie, leur principal sanctuaire. D'autant qu'ils se proclamaient eux aussi marxistes. Rappelons que depuis 1983, le Soudan est à nouveau en guerre civile ; fondé et dirigé par le colonel John Garang, un Dinka du Sud-Soudan, le SPLM se veut le légitime défenseur des droits des populations du Soudan méridional. La chute de Mengistu coïncide avec le début d'une fragmentation du SPLM, miné par des querelles ethniques et des rivalités personnelles. Ainsi la perte du sanctuaire éthiopien[1], doublée d'une fronde interne que ne manque pas d'exploiter le régime de Khartoum, fragilise dangereusement le SPLM de John Garang. À l'avantage de ce dernier, le régime au pouvoir à Khartoum est considéré à Washington « comme la plus sérieuse menace contre les intérêts américains en Afrique ». Arrivés au pouvoir le 30 juin 1989, les partisans du National Islamic Front – avatar du mouvement des Frères musulmans soudanais – entrent très tôt en conflit avec la Maison Blanche.

Le régime soudanais est perçu comme un obstacle aux projets américains dans cette région de l'Afrique. Cet obstacle, Washington va s'employer à le réduire par le truchement de certains voisins de ce pays, le plus vaste du continent. C'est dans ce contexte que le *French doctor* débarque fin août 1991 au Sud-Soudan. Après être passé par le Kenya, et escorté par trois journalistes français, Bernard Kouchner, secré-

---

1. Soutenu par Washington, le nouveau pouvoir éthiopien va pourtant assez vite apporter son soutien au SPLM. Il faudra le déclenchement du conflit entre l'Érythrée et l'Éthiopie pour que Addis Abeba se rapproche de Khartoum selon le vieux principe « L'ennemi de mon ennemi est mon ami », les relations entre Khartoum et Asmara étant exécrables.

taire d'État chargé de l'action humanitaire, y rencontre dans son maquis John Garang, chef du SPLM. Tollé à Khartoum où le régime dénonce cette entrée illégale d'un membre du gouvernement français sur son territoire alors que celui-ci avait auparavant refusé deux invitations du gouvernement soudanais à se rendre sur place.

Bernard Kouchner est accompagné dans ce voyage contesté par un homme qui intrigue beaucoup les services secrets français, le Dr Zygmunt Ostrowski, lequel assure la liaison entre le secrétaire d'État et John Garang. Ce médecin, arrivé de Pologne en France en 1970, a travaillé en 1979 au Sud-Soudan pour le compte des grands travaux de Marseille, dans le cadre d'une assistance médicale, lors du percement du canal de Jongleï. Depuis cette époque, il est souvent retourné là-bas. Avec l'Association de défense de l'enfance (ADE), il a créé, de conserve avec Marie-Christine Josse, un dispensaire à Kapoeta, ville où est installé le QG de John Garang, puis l'orphelinat de Polataka qui regroupe quelques milliers d'enfants. Depuis mars 1991, c'est l'ADE que le secrétariat d'État à l'Action humanitaire a chargée d'acheter et distribuer l'aide alimentaire française au Sud-Soudan. Le Dr Zygmunt Ostrowski a noué des relations étroites avec John Garang qui, depuis l'accession au pouvoir de son ami Yoweri Museveni en Ouganda, est devenu l'homme des Américains, lesquels l'aident volontiers à monter des actions clandestines au Soudan à partir du territoire ougandais. Intriguée par les multiples activités de son « éminence grise », la DGSE (services secrets français) a mis en garde à plusieurs reprises Bernard Kouchner contre les risques politiques que cette fréquentation faisait courir[1].

Ostrowsky a effectué pour le secrétaire d'État plusieurs missions au Sud-Soudan, et préparé le voyage qui a tant irrité Khartoum ; de son côté, Kouchner a contribué à légitimer Garang comme chef de l'opposition armée au régime de Khartoum, s'inscrivant ainsi parfaitement dans la stratégie américaine hostile aux autorités soudanaises en place. Au moment où Kouchner se rend au Sud-Soudan et contribue à conférer une stature internationale à John Garang, le régime de Khartoum est en effet déjà perçu sur les rives du Potomac comme un « sponsor du terrorisme ». À la mi-décembre de 1992, le leader du SPLM, théoriquement en visite privée, est reçu à Paris par le *French doctor* en présence du docteur Ostrowsky... Bernard Kouchner se retrouve là dans

---

1. Lire *La Lettre de l'océan Indien*, n° 521 du 26 décembre 1992. La DGSE estimait l'action du docteur « nuisible ». Elle nourrissait des soupçons sur son action auprès de l'orphelinat, ainsi que sur son CV.

une position plutôt originale, puisque Paris entretient de bons rapports avec Khartoum, les deux capitales partageant les mêmes vues sur l'expansionnisme anglo-saxon dans la région...

En juin 1992, Bernard Kouchner annonce la création d'une base humanitaire à Nairobi pour faciliter l'assistance aux pays de la Corne de l'Afrique. Il s'intéresse aux réfugiés de Somalie, pays qui sombre dans l'anarchie après le départ du pouvoir de Syaad Barre. Il fait envoyer 2 000 tonnes de vivres par un navire français et se rend à Mogadiscio pour assister au débarquement. Il est accueilli en août à l'aéroport de Mogadiscio par des pancartes « La Somalie aux Somaliens ! », « Aide ne veut pas dire invasion ! » qui résument bien les ambiguïtés de l'action kouchnérienne et de « son » droit d'ingérence.

Il décide alors d'impliquer en France les enfants des écoles et donc leurs parents, autrement dit la très grande majorité de la population, dans une collecte de riz destinée aux enfants somaliens victimes de la famine, intitulée Riz pour la Somalie. Le mardi 20 octobre 1992, sept cent cinquante mille sacs d'une contenance de 20 kilogrammes sont déposés dans 74 000 écoles et collèges dont les élèves ont été conviés à apporter un kilo de riz chacun « pour les petits Somaliens ». L'opération est menée avec le concours du ministère de l'Éducation nationale, avec le soutien bénévole de La Poste, de la SNCF et de l'Unicef. Elle devrait permettre de recueillir quelque 6 000 tonnes de riz permettant de nourrir pendant un mois les enfants somaliens victimes de la famine. Idée très belle à première vue, puisqu'elle sensibilise les enfants de l'Hexagone aux problèmes du Sud, mais dont l'application va poser bien plus de problèmes qu'elle n'est censée en résoudre. Elle déclenche en tout cas une vive polémique. Pour les enseignants de Force ouvrière, « on ne peut utiliser l'école laïque pour imposer aux jeunes un choix vis-à-vis d'un problème aux dimensions politiques et économiques, ni obliger les personnels à participer à une opération caritative ». Le Centre de recherche et d'information pour le développement (CRID), qui regroupe une trentaine d'organisations humanitaires, estime que l'opération est « une illusion qui camoufle l'incapacité politique de la communauté internationale à arrêter le conflit somalien ». La famine de Somalie est en effet la conséquence directe de la très grave crise politique qui sévit dans un pays dont les structures étatiques ont volé en éclats et dont la population est rançonnée par les seigneurs de la guerre.

L'importante médiatisation qui accompagne l'opération va également en révéler les difficultés d'application. Les jeunes Somaliens attaquent et pillent les convois devant des soldats de l'ONU impuissants. Bernard Kouchner, devenu depuis son voyage à Sarajevo le « chouchou » de François Mitterrand, parvient à compléter l'opération Sacs de riz par l'intervention de soldats français chargés de garantir la distribution alimentaire, malgré la franche opposition de Pierre Joxe, ministre de la Défense, l'engagement français devant s'inscrire dans l'opération Restore Hope montée par les Américains.

Dans *Le Monde* daté du 2 décembre 1992, Kouchner manifeste sa satisfaction : « Cet enchaînement des faits, des initiatives et des réactions constitue bien l'engrenage humanitaire que nous avons décrit et proposé depuis plusieurs années, écrit-il. Si les appels des volontaires français du courage humanitaire, travaillant sur place depuis le début de la guerre, n'avaient pas été si forts, si nous n'avions pas organisé cette immense force du geste des petits Français dans les écoles, si les médias n'avaient pas été alertés par ce tapage, si les images n'avaient pas été aussi insoutenables, au dernier étage de la maison de verre de Manhattan se serait-on ému ? En Somalie, nous croyons à une intervention armée et salvatrice de la communauté internationale, et la France, qui y aura tant contribué, s'en réjouit. » Et, après un récapitulatif de tous les efforts qu'il a déployés pour que Restore Hope soit lancée, il fait le lien entre cette action et celle à laquelle il aspire de tous ses vœux en Bosnie-Herzégovine : « On ne peut pourtant saluer des initiatives encore floues pour sauver des vies en Somalie, sans réclamer la même exigence pour la Bosnie-Herzégovine. Nous espérons qu'il s'agit d'un vrai changement d'attitude et que l'on s'indignera aussi, à l'ONU, de la situation en Bosnie, à Sarajevo, à Mostar, à Gradacac, à Gorazde, avant qu'il ne soit trop tard. Et il est déjà bien trop tard. » Puis il extrapole pour mieux « vendre » *son* droit d'ingérence : « Un jour, on comprendra enfin qu'il convient de prévenir les guerres et d'agir avant les déchaînements de haine et les meurtres de masse. Cela s'appellera peut-être le droit d'ingérence démocratique. Cela s'appellera peut-être le droit d'urgence international. »

Les lecteurs du *Monde* lisent cette profession de foi alors que les premiers détachements du corps expéditionnaire américain approchent des côtes somaliennes et alors que le Conseil de sécurité n'a pas encore validé l'opération. L'intervention en Somalie méconnaît en effet le vieux principe « onusien » de non-intervention dans les affaires intérieures d'un pays. « C'est une opération de police, une intervention militaire qui ne craint pas de dire son nom, que lancent aujourd'hui les États-Unis comme, il y a deux ans, en Irak, mais, pour la première fois, à des fins humanitaires. Voilà restaurée dans sa vraie dimension l'idée d'ingérence humanitaire [de] Bernard Kouchner... », écrit *Le Monde* qui constate que « les États-Unis tirent seuls le bénéfice, en termes d'influence, de l'intervention en Somalie ».

Cet article a le don de mettre d'autant plus Pierre Joxe en fureur ! Lors du conseil des ministres réuni au lendemain de la publication de l'édito de Kouchner, ce texte sous les yeux, il se livre à une très violente attaque contre l'opération armée en Somalie : « L'armée française est à la limite de ses capacités opérationnelles outre-mer », expose-t-il avant de se plaindre que Bernard Kouchner « donne l'impression de disposer de la vie des soldats français sans même consulter le ministre de la Défense ». Puis il se demande pourquoi intervenir en Somalie alors qu'il y a à travers le monde « trente Somalie pour lesquelles on ne fait rien ». Et il assène peu après son argument massue : « Au nom de l'humanitaire, on arme les soldats », avant de conclure : « Je ne demande qu'une seule chose : que chaque ministre s'occupe de son domaine et ne vienne pas empiéter sur celui des autres. Est-ce que je me mêle de la réforme hospitalière, du salaire des infirmières ou de la maîtrise des dépenses de santé[1] ? » À l'issue du conseil, Pierre Joxe rédige une lettre de démission. François Mitter-

---

1. In *Le Canard enchaîné* du 9 décembre 1992.

rand va le recevoir en tête à tête pour le calmer et le dissuader de quitter le gouvernement.

Joxe, ses conseillers et les chefs militaires qui n'ont pas réussi à l'emporter dans leur bras de fer avec Bernard Kouchner, s'emploient alors à limiter les dangers de l'engagement français : en restreignant le nombre des soldats impliqués, en imposant leurs propres règles d'engagement (pour l'utilisation de leurs armes), en faisant en sorte que le contingent français soit très rapidement délogé de Mogadiscio par les Américains pour s'installer à Baidoa[1] où il ne dépendrait plus de leur commandement...

Avant de quitter Paris pour assister au débarquement des sacs de riz français à Mogadiscio, Bernard Kouchner estime que l'opération militaire « réussira très vite », parce qu'« en face il y a des jeunes gens de quatorze ans en possession de mitrailleuses, qui vont s'enfuir en courant », et que « le problème se posera surtout après, quand il faudra se retirer ».

Le samedi 5 décembre 1992, devant l'objectif des caméras de TF1 et de France 2, le ministre marche avec un sac de riz, sur la plage, pantalon relevé, les

---

1. Ce qui fut fait. La zone de Baidoa, qui était un mouroir à l'arrivée des Français, devint un oasis de paix quelque temps plus tard. Preuve, s'il en fallait, que la famine était la conséquence directe du rançonnement opéré par les seigneurs de la guerre...

pieds dans l'eau ; dans un autre plan, il saute de sac en sac, dans la cale d'un navire français, puis, à nouveau le sac sur l'épaule, il parle des écoliers français et dépose ses kilos de riz à l'arrière d'un camion... Les organisations humanitaires travaillant en Somalie ne partagent pas, et de loin, l'optimisme de Kouchner et répètent à l'envi qu'« il n'y a pas de solution militaire à un problème politique ». Cette formule se retrouve sous une forme ou une autre dans les propos de tous les responsables humanitaires, exaspérés par ce tapage médiatique obscène et par la présence de forces militaires impressionnantes au large de Mogadiscio.

Daniel Schneidermann analyse avec humour les écrans de télévision et laisse poindre ses interrogations : « Devant Paul Amar, Pierre Joxe s'avoua "sombre". "Des Somalie, il y en a trente à travers le monde, et personne ne sait ce qui s'y passe", maugréa-t-il. "Opération trop médiatique pour être honnête, renchérit François Léotard chez Anne Sinclair. Tous les jours, en Bosnie, il y a des Oradour, mais il n'y a pas de caméras..." Et cette formule : "Le bruit ne fait pas de bien, et le bien ne fait pas de bruit." À voir Bernard Kouchner décharger son sac de riz devant les objectifs, il est vrai, montait comme une méfiance anticipée à l'égard du *reality show* dont on plante ainsi les décors en direct. Hors des projecteurs, combien de drames ignorés ? »

Les caméras et Kouchner partis, les Marines et les militaires français débarquent alors que le ministre de la Santé et de l'Action humanitaire, qui semble avoir toujours un micro à portée de bouche, déclare que « l'opération "Rendre l'espoir" [est] un tournant historique qui [doit] entraîner d'autres actions de ce type. Agir en Somalie n'est qu'un début. On meurt aussi ailleurs : au Sud-Soudan, au Libéria, au Mozambique, en Angola, en Birmanie et en Bosnie... » Cependant, outre Pierre Joxe et François Léotard, la classe politique française prend ses distances vis-à-vis de la rupture ainsi opérée avec la diplomatie traditionnelle de Paris. Dans leur séance du 9 décembre, les députés se disent choqués par ces « débordements médiatiques ». Jean-Michel Boucheron, président socialiste de la commission de la Défense, affirme qu'il ne saurait y avoir « d'humanitaire sans humanité » : « Certains débordements politico-médiatiques ne sauraient être tolérés, poursuit-il. Une telle opération exige humilité et tact. L'image de l'action ne doit pas ternir l'action elle-même. » Pierre Joxe renchérit : « Ce genre d'opération requiert de l'humilité, car, face à l'immense demande qui se tourne vers les pays les plus riches et les plus puissants, nous savons bien que nos capacités sont limitées. [...] Ces interventions demandent aussi du tact devant des souffrances et des situations d'instabilité qui durent depuis des années. »

Dans les couloirs du Palais-Bourbon, Jean Auroux, président du groupe socialiste, se déclare « très choqué de voir qu'on organise un accompagnement militaire à un devoir de soutien humanitaire à l'heure d'un journal télévisé américain ». Sentiment partagé par André Lajoinie, président du groupe communiste, qui dénonce « l'apparat indécent » de l'intervention en Somalie. « Cette opération va coûter plus d'argent pour cet apparat que ce que coûterait la nourriture des enfants somaliens pendant des années », ajoute-t-il. Philippe de Villiers regrette le « voyeurisme » et le « néocolonialisme » de l'opération Rendre l'espoir. Bref, toutes opinions confondues, c'est l'ensemble de la représentation nationale qui se scandalise de la médiatisation abusive de cette opération. Jacques Chirac, alors maire de Paris et patron du RPR, se demande si « certains ne voudraient pas au fond bâtir un peu leur propre popularité – celle des pays ou celle des hommes – sur la misère des autres », et son conseiller pour les questions stratégiques voit dans l'action en cours une « typique opération de recolonisation ».

Quelques semaines après le retrait piteux des troupes américaines, Rony Brauman, président de MSF, tire une première conclusion de l'opération Restore Hope, et de l'implication française dans une vingtaine de pages de son livre *Le Crime humani-*

taire. Somalie[1]. Il conclut : « Pour la première fois, en Somalie, on a tué sous la bannière de l'humanitaire. [...] Non sous le couvert de la légitime défense, mais dans des raids menés au nom du droit de vengeance. La Bosnie nous a montré à quoi se trouve réduit le droit lorsqu'on prétend l'appliquer sans force : à une redoutable illusion. La Somalie illustre, s'il en était besoin, ce qu'est la force lorsqu'elle oublie le droit : une criminelle injustice. » Brauman fustige l'envoi de la première « armée humanitaire », présenté comme un « fantastique pas en avant » dans la direction du « droit d'ingérence humanitaire » : « Ce qui est en cause, explique-t-il, c'est l'option militariste amorcée à l'automne 92. C'est l'abandon délibéré de toute autre stratégie [...]. C'est le triomphe d'une vision caricaturale de la Somalie, ramenée à un face-à-face tragique entre une masse d'enfants affamés et des hordes de pillards drogués. » Et d'appeler à la vigilance contre « les nouveaux apôtres de la solidarité casquée[2] ».

Sur un autre registre, le médiologue Régis Debray, dans un entretien avec Daniel Schneidermann[3], à pro-

---

1. Arléa, 1993.

2. In *Le Monde* daté du 19 novembre 1993, sous le titre : « L'envoi de la première « armée humanitaire » en Somalie. Un cri pour un crime », de Roland-Pierre Paringaux.

3. In *Le Monde* daté du 19 janvier 1993.

pos des images de bébés somaliens montrés par les télévisions, « des images dérangeantes, douloureuses », répond : « Oui, mais ça n'empêche pas de dormir [...]. Et puis, ce petit traumatisme visuel est aussitôt récompensé par le geste noble. Le *French doctor* et le GI américain, c'est moi. L'Occident se retrouve dans le beau rôle, comme aux débuts de la colonisation, au siècle dernier. En face, plus de militants ni de peuples organisés, plus d'hommes debout, mais des estomacs suppliants et des enfants qui tendent la main [...]. Le tiers-monde faisait peur. Grâce à ces images, il fait pitié [...]. Ça finit par Bernard Kouchner qui porte son sac de riz. »

VI

Bernard Kouchner s'intéresse tardivement au Rwanda

Bernard Kouchner a été secrétaire d'État, puis ministre de la Santé et de l'Action humanitaire dans les trois gouvernements – Rocard, Cresson, Bérégovoy – qui se sont engagés aux côtés des autorités rwandaises pour empêcher, d'octobre 1990 à mars 1993, une conquête militaire du pouvoir par les rebelles tutsis du FPR. Ces trois gouvernements ont instauré un dialogue entre le régime de Juvénal Habyarimana et le FPR et ont, par les accords d'Arusha, contraint le premier à accepter une surre-présentation du second dans le partage du pouvoir. Bernard Kouchner était alors destinataire de tous les télégrammes diplomatiques sur la question rwandaise. Il a eu ainsi la possibilité de suivre heure par heure les négociations d'Arusha. Il aurait pu à tout moment s'immiscer dans ce dossier, d'autant plus qu'il était, comme on l'a vu, très proche du président Mitterrand, mais aussi de Bruno Delaye, patron de la cellule Afrique de l'Élysée, et du général Quesnot à l'état-major particulier de la présidence. Pendant toute cette période, il n'a pas manifesté l'ombre d'un quelconque désaccord avec la politique menée par François Mitterrand, sur qui il exerçait une influence suffisante pour le convaincre de se rendre à ses côtés à Sarajevo alors que le chef de l'État n'avait pas manifesté jusqu'alors un engagement très marqué à l'encontre des actions serbes... Plus généralement, la question rwandaise n'a pas fait alors partie de ces « causes » pour lesquelles le *French doctor* a fait du « tapage médiatique », telles que le Kurdistan, la Bosnie ou la Somalie. Je n'ai en tout cas trouvé aucune déclaration sur le Rwanda émanant à l'époque du ministre de la Santé et de l'Action humanitaire. Il y avait pourtant matière à intervention, sur le strict registre de cette action, avec les centaines de milliers de personnes déplacées du fait de l'avancée militaire du FPR. Bernard Kouchner a d'ailleurs été alors sollicité à plusieurs reprises pour intervenir en vue de soulager le sort de ces déplacés. À l'automne 1992, lors d'une rencontre à Rome dans le cadre d'une réunion de l'OMS, Casimir Bizimungu, ministre rwandais de la

Santé, entreprit de sensibiliser Bernard Kouchner, son homologue français, sur le sort terrible de ces déplacés. Le *French doctor* manifesta son intérêt pour ce drame et promit au Rwandais de le recevoir à Paris. Casimir Bizimungu demanda alors à Jean-Marie Ndagijimana, ambassadeur du Rwanda à Paris, de prendre langue avec le cabinet du ministre de la Santé. Un premier rendez-vous a lieu entre le diplomate et Maurice Ripert, le directeur de cabinet de Bernard Kouchner, pour préparer la rencontre entre les deux ministres. Casimir Bizimungu et Bernard Kouchner se revoient à Paris au ministère de la Santé le 11 décembre 1992, en présence de Jean-Marie Ndagijimana. Si l'entretien est chaleureux, Kouchner traitant son homologue rwandais de « cher ami », il décline en revanche la proposition rwandaise de se rendre à Kigali en arguant que « le Rwanda n'est pas suffisamment médiatisé et qu'une telle visite ne serait donc pas efficace », en rappelant qu'à l'inverse son voyage en Somalie, quelques jours plus tôt, avait été très positif car très médiatisé[1]. L'ambassadeur du Rwanda à Paris reverra encore une fois Maurice Ripert pour assurer le suivi de cette rencontre. Mais seule une action française contre le sida sera retenue.

---

1. Entretien avec Jean-Marie Ndagijimana qui, après la conquête du pouvoir par Paul Kagame, deviendra ministre des Affaires étrangères.

De la même façon, le colonel Philippe Charrier, à son retour d'un voyage au Rwanda en février 1993, a remis un dossier, comportant notamment de nombreuses photos, au chef de cabinet du ministre. Quelques jours plus tard, ledit chef de cabinet aurait téléphoné au colonel pour lui signifier que, Kouchner *dixit*, « ces gosses en bonne santé sous les arbres ne vont faire pleurer personne ». Les photos en question montraient les collines des environs de Kigali, déboisées par les déplacés qui s'approvisionnaient en bois pour se chauffer et faire cuire leur nourriture. Si Bernard Kouchner ne s'intéressait guère au Rwanda, il n'avait, quoi qu'il en soit, rien à redire à la politique menée par François Mitterrand, son protecteur attentif. Il partageait même l'avis du général Quesnot sur les rebelles tutsis du FPR : le père Lefort se souvient très bien de discussions agitées à Médecins du Monde, où Bernard Kouchner traitait les militaires du FPR de « Khmers noirs »...

Fin mars 1993, le ministre redevient simple médecin, mais ne va pas pour autant disparaître des écrans ni des colonnes des journaux. En mai, il fait la promotion du livre qu'il cosigne avec l'abbé Pierre[1], et réclame une intervention aérienne symbolique dans les Balkans. Le mois suivant, son nom apparaît dans *Le Monde* pour défendre son engagement en Somalie

---

1. *Dieu et les hommes*, Laffont, 1993.

après la mort d'au moins quatorze civils. Il suit toujours de près ce qui se passe dans les Balkans. Début juillet, il interpelle Alain Juppé, ministre des Affaires étrangères, qui a suspendu les subventions à une station de radio flottante, le Droit de parole, laquelle attaque les Serbes. Le 4 octobre, à « l'Heure de Vérité », sur France 2, il annonce qu'il a l'intention de proposer une liste aux européennes et de « passer définitivement en politique ». L'actrice Sophie Marceau voit là la troisième grande nouvelle de ce siècle après les morts de Lénine et de Mao ! Quelques jours plus tard, il s'indigne de la mort d'un journaliste en Algérie. En janvier 1994, Bernard Kouchner demande à l'ONU d'utiliser la force en Bosnie.

Mais l'action lui manque depuis qu'il a perdu son maroquin. À compter de novembre 1993, il complote avec le père Aristide, le président haïtien exilé aux États-Unis depuis le coup d'État militaire de septembre 1991. Le *French doctor* a imaginé une opération qui les conduirait tous deux, à bord d'un bateau, des côtes américaines jusqu'aux abords d'Haïti. Aventure à laquelle pourraient participer des bateaux de partisans du chef d'État renversé. Arrivés devant Port-au-Prince, Kouchner et Aristide entameraient alors un dialogue ouvert avec le peuple haïtien pendant toute une journée !

L'opération tombe... à l'eau, et Kouchner s'investit de plus en plus dans la préparation des prochaines élections européennes. Il publie ainsi un long article dans *Le Monde* daté du 25 mars, intitulé « L'Aventure européenne ». Michel Rocard, qui doit mener la bataille pour le compte du PS, le met en numéro 3 sur sa liste.

Après l'attentat fatal perpétré contre l'avion du président Juvénal Habyarimana, le 6 avril 1994, le Rwanda s'est transformé en un gigantesque abattoir. Humanitaires, droits-de-l'hommistes, journalistes, protagonistes plus ou moins lointains y vont de leurs déclarations. En général pour fêter avec enthousiasme les « libérateurs du FPR », et pour critiquer la France d'avoir soutenu le « dictateur Habyarimana ». Kouchner, lui, est toujours silencieux sur ce sujet *humanitairement* dramatique.

Pourtant, à une date que je ne saurais exactement situer, probablement dans le courant de l'année 1993, il est entré en relation avec les réseaux pro-FPR de Paris, notamment avec une certaine Imma qui s'est installée dans les bureaux de l'association Survie, au début de cette année-là. « Imma a joué un rôle discret mais efficace auprès du docteur Emmanuelli, de Bernard Kouchner ainsi qu'auprès d'Amnesty international... Elle a propagé de nombreuses rumeurs qui sont aujourd'hui tenues pour des vérités. La désinformation fonctionnait alors à plein régime », se souvient Jean-Marie Ndigilimana[1] qui, après la prise du pou-

---

1. In *Noires fureurs, blancs menteurs, op. cit.*.

voir par le FPR, est devenu le premier ministre des Affaires étrangères du nouveau régime. Bernard Kouchner est en tout cas entré à cette époque en relation avec Jacques Biozagara, représentant du FPR pour toute l'Europe. Et c'est Biozagara qui le convainc, lors d'une manifestation devant le siège des Nations-Unies à Genève, de se rendre au Rwanda pour y rencontrer Paul Kagame, chef de la rébellion FPR, qu'il considère déjà comme le chef d'un mouvement populaire en train de renverser un « régime nazi tropical ». Le Rwandais joue habilement de sa corde sensible, celle du sauveteur des faibles et des opprimés : Biozagara voudrait qu'il fasse libérer les « orphelins tutsis et les prisonniers tutsis de l'hôtel des Mille-Collines, qui [vont] mourir[1] », une grosse opération puisqu'il s'agit, selon Bernard Kouchner, de faire évacuer « 2 000 à 2 500 Tutsis[2] ».

Comme à chaque fois qu'il fait un « coup », Kouchner mobilise la presse. Il a besoin d'un Joinville : ce sera Renaud Girard, grand reporter au *Figaro* ; quant aux images destinées à immortaliser sa grande saga, elles seront produites par Jean-Christophe Klotz, cameraman à l'agence Capa. Avant d'effectuer son voyage, il tient néanmoins à être couvert par Boutros Boutros-Ghali qu'il rencontre en

---

1. In *Revue humanitaire*, n° 10.
2. In *Rapport Quilès*, p. 302.

Afrique du Sud : il explique au secrétaire général de l'ONU son projet de « corridor humanitaire », qui sera nécessaire pour acheminer en toute sécurité les orphelins et les cadres tutsis vers Nairobi. Boutros-Ghali l'écoute avec une vague bienveillance que Kouchner transforme en soutien actif. La mission acceptée pour le compte du FPR est ainsi transformée par lui en mission quasi officielle de l'ONU...

Pourvu de ce viatique, Bernard Kouchner débarque à Kampala (Ouganda) en compagnie du journaliste du *Figaro*. Le *French doctor* monte dans la Jeep louée par le second. Ils roulent jusqu'à Mbarara, à un peu moins de 300 kilomètres de la capitale ougandaise et à une soixantaine de kilomètres de la frontière rwandaise. C'est de là qu'en octobre 1990 sont partis les rebelles de la minorité tutsie pour se lancer à la conquête du pouvoir. De nombreuses réunions importantes du FPR ont eu lieu pendant la guerre, de 1990 à 1993, à la résidence du frère de Museveni, président ougandais de 1990 à 1993 qui soutient depuis le début le FPR et sa conquête du pouvoir au Rwanda. Mbarara est donc bel et bien une base arrière du FPR, Kouchner et Girard y passent la nuit à l'hôtel et repartent le lendemain, escortés par des soldats du FPR. Premier objectif du voyage : la rencontre avec Paul Kagame qui fait des allers et retours entre Byumba et Mulindi, son quartier général, sur l'axe routier qui mène de la frontière ougandaise à Kigali.

Les affrontements se sont accélérés depuis le 6 avril 1994, date à laquelle Paul Kagame a donné l'ordre de tirer sur l'avion transportant le président du Rwanda[1] et son collègue burundais. Immédiatement, les militaires du FPR se sont mis en marche et, les 7 et 8 avril, ont fait leur jonction avec les troupes du FPR basées à Kigali au siège du CND, le parlement, ils ont encerclé le siège de la Minuar, dirigée par le général Dallaire, et sécurisé un important couloir au nord de la capitale. Les massacres des Tutsis et des Hutus modérés dans la partie du Rwanda contrôlée par les militaires gouvernementaux et les milices ont été très importants et sont bien connus de la communauté internationale ; en revanche, les massacres perpétrés dans les zones contrôlées par le FPR sont pratiquement passés sous silence par les médias et les observateurs internationaux.

Bernard Kouchner arrive au Rwanda largement convaincu de la justesse de la « cause tutsie[2] » et pro-

---

1. Cet attentat a fait l'objet d'une instruction du juge Bruguière qui a lancé neuf mandats d'arrêt contre neuf militaires rwandais proches du général Kagame, devenu entre-temps président de la République du Rwanda.

2. Cette formulation choquante est celle de Kouchner. Lui-même se définit (dans une interview publiée par la *Revue humanitaire*, n° 10, printemps/été 2004) comme un militant de la « cause tutsie », donnant par là une dimension ethnique à son engagement.

bablement à mille lieues d'imaginer les crimes de masse également commis par ses amis. Il n'est pas en mesure d'analyser pourquoi il y a si peu de monde sur les routes et chemins qu'il emprunte, depuis la frontière ougando-rwandaise, dans un pays théoriquement surpeuplé. « Sur la route déjà mangée par les lianes, entre la frontière ougandaise et Kigali, nous n'avons croisé que des paysans juchés sur leurs vieilles bicyclettes anglaises, et deux ou trois camions poussifs surchargés de réfugiés », raconte le compagnon de route de Kouchner dans *Le Figaro*.

Il ne peut savoir qu'en quittant Byumba pour se rendre à son rendez-vous avec lui, Paul Kagame a croisé à Muhura une cohorte de civils hutus en fuite, et qu'« il a ordonné de les rassembler puis de tirer dans la foule de façon à ce que personne n'en réchappe. Il a supervisé les massacres. Finalement, il est monté lui-même dans sa Jeep et a mitraillé la population rassemblée au canon 12,7 machine gun antiaérien. Plus de huit cents personnes furent tuées ce jour-là ». Qui raconte une pareille horreur ? Un génocidaire hutu ? Non. Un compagnon de route de Paul Kagame, le lieutenant Abdul Ruzibiza [1], membre du Network Commando, le « noyau dur » de l'appareil FPR chargé des actions clandestines destinées à

---

1. In *Rwanda, l'histoire secrète, 1990-2001*, Panama, 2005.

prendre le pouvoir. Aloys Ruyenzi, garde du corps de Paul Kagame, m'a raconté la même scène en des termes quasi identiques.

C'est donc un boucher que rencontre Kouchner dans l'après-midi du 11 mai. Un boucher qui présente son interlocuteur à ses hommes comme « un des seuls Français à qui il [peut] faire confiance[1] ». Nouvelle preuve, s'il en fallait, que Kouchner a alors déjà noué des relations étroites avec la direction du FPR, et que sa vision du Rwanda en est à l'évidence influencée. Quelques images de cette rencontre très urbaine sont consultables sur internet[2]. On voit d'abord les deux hommes deviser tout en marchant sur une pelouse proche d'une maison, puis on les retrouve sous une véranda, autour d'une table, avec d'autres person-nages, Blancs et Noirs, notamment Alexis Kanya-rengwe, président du FPR.

« Si on propose à la partie adverse d'ouvrir des couloirs humanitaires, avons-nous votre accord ? demande-t-il au président du FPR devant la caméra de Jean-Christophe Klotz[3], réenfourchant un de ses dadas.

---

1. In *Revue humanitaire, op. cit.*
2. http://www.dailymotion.com/playlist/x6ln_LiliTheKing_kigali-des-images-contre-un-massacr/video/x1gpy6_kigali-des-images-contre-un-massacr_news
3. In *Kigali, des images contre un massacre*, documentaire de Jean-Christophe Klotz, diffusé par Arte le 13 novembre 2006.

– Nous avons déjà accepté. Nous avons fait nous-mêmes cette proposition. C'est le gouvernement qui pose problème, répond placidement Kagame.

– Il n'y a donc qu'une petite chance qu'ils acceptent, mais nous devons la tenter, poursuit Kouchner. Naturellement, si on pouvait les rencontrer demain, ce serait un véritable succès pour la cause humanitaire. J'ai vu Boutros-Ghali à Genève, puis en Afrique du Sud, et tout cela est en parfait accord avec lui... »

Grâce aux articles de Renaud Girard, il est possible de compléter les images de Klotz. Kagame lui a en effet déclaré qu'il était « hors de question », pour lui, de négocier avec le « gouvernement intérimaire dépourvu d'existence légale », mais qu'il était prêt, en revanche, à discuter avec les militaires.

Dans les nombreuses interviews qu'il accordera à son retour en France pour sensibiliser la communauté internationale à ce qui se passe au Rwanda, Kouchner ne mentionnera pas que le FPR porte une lourde responsabilité dans le retrait des casques bleus, peu de temps après le début du génocide. Il ne dira pas davantage qu'à son arrivée au Rwanda ses amis du FPR ont déclaré dans un communiqué qu'ils étaient hostiles au renforcement de la Minuar, estimant que la présence des soldats de l'ONU n'était souhaitable que dans le sud-ouest du pays, contrôlé par les Forces armées rwandaises (FAR)...

En quittant Kagame, Kouchner remonte dans le 4×4 avec ses compagnons français. Le véhicule tout-terrain est escorté de soldats du FPR chargés de prévenir tout incident : « Après deux heures de route dans la plus noire des nuits, un immeuble illuminé apparaît soudain au loin[1], écrit Renaud Girard dans *Le Figaro*. On dirait un paquebot surgi de nulle part, comme dans les films de Fellini. C'est l'hôpital du roi Fayçal, perché sur une colline des faubourgs nord-est de Kigali. "Il est maintenant à nous", disent les soldats[2].

« Notre 4×4 s'arrête. À droite, la route goudronnée descend directement sur Kigali. À gauche, une piste rudimentaire en latérite. C'est la "voie sacrée" du FPR vers la capitale. Une autre Jeep blanche nous y attend tous feux éteints. En sort un soldat en treillis impeccable, parlant un excellent anglais. C'est Franck, l'officier de liaison du FPR auprès de la Minuar. » (Il s'agit probablement du lieutenant Franck Mugambage qui, par téléphone satellite, va maintenir l'ex-*French doctor* en liaison avec Paul Kagame.)

Renaud Girard nous permet ensuite d'assister à l'arrivée de Kouchner à Kigali : « Le convoi repart.

---

1. Cet arrêt se situe au col de Kagugu (voir carte page 184).
2. Article intitulé « Avec les guérilleros tutsis du FPR. Rwanda : une piste dans la nuit... », le 14 mai 1994.

Pas question de rouler autrement qu'en première. La saison des pluies, qui bat son plein, a saccagé la piste. Slalom entre les ornières. Le chauffeur retire la cassette de musique reggae, les soldats se font plus attentifs, le kalachnikov bien en main. Le silence dans la voiture n'est plus rompu que par les ordres secs qui tombent du talkie-walkie. »

Et c'est là, en pleine nuit, que Kouchner est confronté pour la première fois à l'horreur rwandaise : « Nous traversons un village : vaches à l'abandon, cases aux portes fracturées. Sandales et ustensiles de cuisine jonchent la boue d'une ruelle. Pas âme qui vive. Entêtante odeur de charogne. Au Rwanda, seuls les cadavres massacrés le long des routes ont été enterrés. Personne n'a le temps de fouiller la brousse et d'inhumer les corps en décomposition de civils qui ont réussi à fuir quelques mètres dans la nature avant d'être rattrapés par une machette. »

Le 4×4 avance tous feux éteints. Ses passagers remarquent des silhouettes de soldats descendant du Nord pour renforcer les troupes de Kigali. Enfin, une route macadamisée. Sur les côtés, des villas abandonnées, des carcasses de voitures. Kouchner est à Kigali. Il passe devant l'ancien parlement, le CND, le bastion du FPR : « Soudain, des rafales d'armes automatiques résonnent tout près. Les traçantes volent comme autant d'étoiles filantes. Ordre de quitter les véhicules. On continue à pied. On est à moins de 300 mètres de l'hôtel Amahoro, siège de la Minuar, situé en pleine ligne de front. La grille est ouverte. Nous entrons. Parking encombré de Jeeps blanches des Nations-Unies. À l'entrée de l'hôtel, un Casque bleu ghanéen, l'air détendu. Un capitaine descend. Il porte l'uniforme du Sénégal. Accueil immédiatement chaleureux : "Bienvenue à Kigali. À propos, vous avez dîné ? Nous avons d'excellentes rations de l'armée allemande." »

Quelques heures plus tard, le 12 mai, Phil Lancaster, adjoint du général Dallaire, passe la tête dans le bureau de son chef pour lui annoncer une visite imprévue. Il n'a pas le temps de finir sa phrase que Bernard Kouchner fait irruption dans le bureau du patron de la Minuar. « Je lui ai demandé de retourner dans le couloir avant même qu'il ait eu le temps de se présenter », raconte le général Dallaire[1]. Les relations entre les deux hommes commencent mal. Dallaire finit par faire entrer Kouchner dans son bureau. « Il était venu de sa propre initiative pour mieux connaître la situation et pour pouvoir nous fournir toute l'aide dont nous pourrions avoir besoin au cours des prochains jours », poursuit le général dans son livre. Autrement dit, Kouchner n'a pas précisé au patron de la Minuar que c'est *à l'invitation du FPR* qu'il a

---

1. In Roméo Dallaire, *J'ai serré la main du diable, la faillite de l'humanité au Rwanda,* Libre expression, Québec, 2003.

débarqué au Rwanda. Le général décide en définitive de se servir de Kouchner pour mettre l'armée rwandaise et le gouvernement intérimaire « au pied du mur en ce qui concernait les massacres, le manque de sécurité entourant l'apport d'aide humanitaire, et le déplacement forcé de presque deux millions de personnes ».

Avant de clore l'entrevue, Dallaire questionne Kouchner sur le but de son voyage. Réponse : « Sauver un nombre d'orphelins se trouvant dans des lieux contrôlés par l'Interahamwe. » Le général commente : « Il voulait leur faire quitter la guerre, les emmener par avion pour les ramener au Rwanda une fois la situation calmée. Il m'a annoncé que le public français était en état de choc devant l'horreur du génocide au Rwanda, et qu'il exigeait des actions concrètes. »

Et Dallaire de poursuivre : « Je lui ai exposé ma position : pas question d'exporter des enfants rwandais, qu'ils soient orphelins au pas. On ne pouvait s'en servir comme porte-enseignes pour que quelques Français bien-pensants se sentent un peu moins coupables du génocide[1]. Il m'a demandé d'y réfléchir davantage et a ajouté que, pendant ce temps, il allait affronter les extrémistes et visiter des orphelinats. Il voyageait avec une suite de journalistes qui étaient là pour l'aider à convaincre. »

---

1. Ces lignes de Dallaire font immanquablement penser à l'affaire de l'« Arche de Zoé ».

Kouchner sillonne la ville de Kigali. Rencontre les responsables de deux orphelinats, Marc Vaiter et le père Blanchard. Il prend également la mesure des massacres. Le 13 ou le 14 mai[1], accompagné de Michel Bonnot (fondateur d'Aide médicale internationale et proche de Kouchner), de soldats du FPR et de la Minuar, il s'est rendu dans l'école de Kibagabaga, à environ trois kilomètres de l'hôtel Amahoro, siège de la Minuar, où il logeait. Là, comme il le racontera au *Monde* quelques jours plus tard, il a marché « sur les cadavres d'enfants décapités. Il y en avait sans doute 2 000[2] ».

Dallaire organise la rencontre de Bernard Kouchner avec le colonel Théoneste Bagosora[3] et Augustin Bizimungu, chef d'état-major de l'armée rwandaise, à l'hôtel des Diplomates de Kigali. Les militaires rwandais donnent leur accord de principe à l'évacuation des orphelins. Une dernière réunion est prévue le surlendemain pour mettre au point les modalités

---

1. La date est imprécise, car Renaud Girard n'a pas fait ce déplacement avec Bernard Kouchner. Jean-Christophe Klotz, le cameraman de Capa, qui a suivi le *French doctor*, n'est pas sûr de la date.

2. *Le Monde* daté du 19 mai 1994.

3. Condamné par le TPIR (Tribunal pénal international pour le Rwanda) à la prison à vie, il est considéré comme le « cerveau » du génocide des Tutsis.

techniques du franchissement des barrages par les convois d'orphelins[1].

Le samedi 14 mai, dans une ville en folie où les massacres succèdent aux massacres, Kouchner, sans doute persuadé qu'au Rwanda seules les milices hutues se livrent à des horreurs sanguinaires, pose un acte d'un rare courage en allant interpeller, sur Radio Mille-Collines, la station de la haine antitutsie, les tueurs hutus : « C'est un génocide qui restera gravé dans l'histoire... La communauté internationale et la France vous regardent... Que les assassins des rues rentrent chez eux !... Rangez vos machettes ! Ne vous occupez pas de la guerre des militaires ! Comme à Nuremberg, il y aura des enquêtes, et les criminels de guerre seront punis[2]. » Dix ans plus tard, Bernard Kouchner déclarera à Jacky Mamou, ancien président de Médecins du Monde : « Nous étions entourés par les génocideurs et nous les insultions. Ce fameux journaliste belge inculpé de génocide était là[3]. Nous l'avions échappé belle, ce jour-là[4]. »

---

1. In *Le Figaro* du 17 mai. Article de Renaud Girard intitulé « Rwanda : la loi du sang ».

2. In *Le Figaro* du 16 mai. Article de Renaud Girard intitulé « Le combat singulier de Marc Vaiter ».

3. Il s'agit en réalité du journaliste italo-belge Georges Ruggiu, condamné en juin 2000 à douze ans de prison par le TPIR pour incitation au génocide.

4. In *Humanitaire* n° 10, printemps/été 2004.

Dimanche 15 mai, protégé par des blindés pilotés par des soldats bengladais de la Minuar et voyageant à bord d'une Jeep aux côtés de deux militaires – un capitaine sénégalais et un officier de liaison des Forces armées rwandaises (FAR) (chargé de faciliter le franchissement des barrages gouvernementaux) –, Kouchner se rend à Gitarama pour rencontrer le gouvernement intérimaire. Il obtient un plein accord pour évacuer les enfants des deux orphelinats. Au retour, son convoi tombe dans une embuscade « qui ne pouvait être fortuite, [qui] a fait des blessés parmi nous et nous a bloqués deux heures sous le feu dans le fossé, avant l'arrivée des secours de l'ONU ». Bernard Kouchner se dira à plusieurs reprises convaincu d'avoir été la cible de milices génocidaires hutues.

Le lundi 16 mai, il obtient l'accord de toutes les parties pour l'évacuation des orphelins et l'ouverture d'un corridor humanitaire permettant l'échange de personnes déplacées entre les deux camps – « mais, soudain, les chefs des différentes milices se sont mis à poser des exigences inacceptables, voire farfelues. Ils voulaient par exemple accompagner les convois d'enfants jusqu'à l'avion. Or, la route de l'aéroport traverse le front[1]. »

Kouchner a appelé par deux fois Philippe Douste-Blazy, son successeur à la Santé, pour le dissuader de

---

1. In article du *Figaro, op. cit.*

venir à Kigali : « C'est trop dangereux », lui a-t-il répété. Rentré à Paris le 18 mai, il enchaîne interview sur interview. C'est au *Monde*[1] qu'il fournit le plus de détails sur le drame rwandais :

« Indescriptible et tragique. Entre 200 000 morts et 500 000 morts. Des chiffres hallucinants, des tombereaux de cadavres : 60 000 morts ramassés dans les rues de Kigali, la capitale, et je ne parle pas des autres villes ; 25 467 corps arrivés dans le lac Victoria après avoir été charriés par la rivière Akagera. Et puis il y a les fosses communes, connues ou inconnues. Un exemple : au village de Kipaga-paga[2], nous marchions sur les cadavres d'enfants décapités. Il y en avait sans doute 2 000. Un à deux millions de réfugiés et de personnes déplacées dans toutes les zones ; des camps très difficiles, comme Kapgai, où il y a 25 000 personnes, dont la moitié de Tutsis, et où l'on nous a fait le récit des assassinats nocturnes. »

Nous verrons plus tard comment Kouchner, probablement bouleversé par ce qu'il a vu, mais ayant aussi déjà chaussé, dès son arrivée au Rwanda, les lunettes pro-FPR, s'est fait largement manipuler par ses amis. Une manipulation dont les effets se font encore sentir aujourd'hui.

Si ses propos donnent une bonne idée de l'ampleur

---

1. Daté du 20 mai 1994.
2. Il s'agit en réalité de Kibagabaga (voir carte p. 184).

de la tragédie rwandaise, on a du mal à s'y retrouver dans son analyse politique, notamment pour ce qui a trait au rôle de la France. Sur France Inter, il explique que ce qui se passe au Rwanda « n'est pas seulement Tutsis contre Hutus », « il y a aussi un problème politique, et on tue aussi des Hutus » ; « on a commencé par tuer les Hutus démocrates. Il faut savoir ça. Et c'est parce qu'on tuait les Hutus démocrates qu'on tuait l'espoir démocratique. » L'action de la France ? Il estime que « nous n'avons pas été que mauvais, en Afrique, et, au contraire, nous n'avons pas qu'à rougir, sûrement pas [...]. C'est pas simple d'être toujours du bon côté, quand tout change en permanence [...]. Les Français sont bien vus, quand même, au Rwanda. Et même des deux côtés. Il y a plus que du respect pour la France, il y a de l'amitié. » Sur TF1, devant PPDA, Bernard Kouchner va jusqu'à ne pas « prendre parti entre les bons et les méchants complètement. Il y a aussi, à une autre échelle, des règlements de comptes de l'autre côté du Front populaire rwandais, pas du tout à la même échelle, mais un mort est un mort. » Il est intéressant de remarquer que, comme pour mieux légitimer ses amis du FPR, il change ici la signification de leur sigle : au lieu du Front patriotique rwandais, il parle de « Front *populaire* rwandais »... Face aux critiques visant le rôle de Paris, s'il estime qu'il faudrait un débat, il atténue par un : « Faut pas exagérer non plus : la France a participé aux accords d'Arusha qui, au contraire – ce reproche a ensuite été fait et explique peut-être les massacres – faisait la part belle au FPR. »

Au *Monde* il déclare que « la grande supercherie est d'avoir transposé sur le plan ethnique ce qui était un raisonnement politique. C'est très difficile de le faire comprendre. On ne voit que les clivages Tutsis = 10 %, Hutus = 90 %. Mais les premiers massacrés ont été des Hutus démocrates à Kigali et ailleurs ». La France porte-t-elle une responsabilité dans cette tragédie ? Il répond encore : « Dans toutes les politiques africaines, il y a des zones d'ombre. [...] Mais il ne faut pas exagérer : au Rwanda, la France n'a pas soutenu que ceux qui sont devenus des assassins. Elle a respecté ses accords de défense avec le gouvernement, mais elle a aussi soutenu les accords d'Arusha qui ouvraient la voie à une réconciliation nationale. »

Ce n'est donc que *plus tard* qu'il radicalisera son discours, dénonçant à la fois la responsabilité exclusive des Hutus et le rôle néfaste de la France...

Malgré son engagement dans la campagne des élections européennes comme candidat sur la liste conduite par Michel Rocard, Kouchner prend le temps de téléphoner souvent à Kigali à la cellule humanitaire chargée de s'occuper des orphelins rwandais. Il a demandé au général Dallaire permission et aide pour évacuer un groupe d'enfants très malades sur Paris. Le patron de la Minuar a donné son accord à condition d'obtenir celui des deux parties adverses... L'évacuation peut commencer le 4 juin 1994 à bord d'un avion canadien qui transporte les enfants à Nairobi où un avion-hôpital de l'armée française est censé les prendre en charge pour les acheminer sur Paris. Le général Dallaire raconte : « Le vol arriva à Nairobi en début d'après-midi, mais l'appareil français n'était pas au rendez-vous et les Kényans refusèrent de laisser descendre les petits passagers du Hercules. La journée était torride, situation amplifiée par la chaleur qui se dégageait de la piste surchauffée. Les enfants restèrent dans l'appareil pendant plus de neuf heures et leur santé en souffrit sérieusement. L'un d'entre eux mourut. Ce soir-là, l'avion-hôpital finit par arriver et emmena les enfants à Paris. Le vol arriva le jour suivant en France à un moment de la journée garantissant une couverture médiatique maximum... »

C'est encore à la demande de Paul Kagame[1] que Bernard Kouchner repart au Rwanda, à la mi-juin 94, en camouflant cette invitation en mission du gouver-

---

1. In *Humanitaire, op. cit.*, et dans le documentaire de Jean-Christophe Klotz, intitulé « Kigali : images contre un massacre », *op. cit.*

nement français, ainsi qu'il l'expliquera notamment au général Dallaire. Depuis lors, il raconte qu'il avait « rencontré Alain Juppé qui préparait l'opération Turquoise », et qu'il lui avait promis de se « faire l'avocat des bonnes intentions françaises auprès de Paul Kagame, dont j'avais la confiance [1] ». En fait de mission, il avait seulement rencontré par hasard, à RTL, rue Bayard, Alain Juppé, alors ministre des Affaires étrangères, qui lui aurait confié [2] son intention d'intervenir au Rwanda. Kouchner aurait alors suggéré de se rendre personnellement à Kigali pour tenter « de convaincre [...] Paul Kagame, qui se méfiait tant de notre pays ». Pour autant, l'ex *French doctor* n'avait évidemment pas été mandaté par Alain Juppé pour mener une quelconque mission au Rwanda.

Il rencontre d'abord Paul Kagame à son QG de Mulindi. On ne connaît de cette rencontre que ce qu'il en a rapporté, notamment à Jean-Christophe Klotz [3] qui, dans son film, lui a demandé comment le chef de la rébellion avait réagi à l'intervention française :

« Il a été très réticent, très méfiant. Après, il a demandé à me voir seul à seul. Je l'ai vu les yeux

---

1. In *Rwanda. Pour un dialogue des mémoires*, Albin Michel et Union des étudiants juifs de France, Paris, 2007.

2. Interview accordée à Jacky Mamou pour la revue *Humanitaire, op. cit.*

3. In son documentaire, *op. cit.*

dans les yeux. Je lui ai dit : "Vous m'avez fait confiance, c'est vous qui m'avez appelé, vous devez me faire confiance." À ceci près, hélas, c'est que moi je pensais que l'opération aurait lieu à Kigali, parce que c'est à Kigali qu'on pouvait arrêter les massacres. Je lui ai donné l'exemple de Saint-André, ce conglomérat où ses partisans étaient en grand danger. Hélas, l'opération n'a pas eu lieu à Kigali, parce que je pense que les militaires ont trouvé que c'était trop risqué. Elle a eu lieu sur le chemin de l'exil vers le Zaïre, et elle s'est mal passée. Honnêtement, je n'arrive pas à croire que c'était voulu qu'elle se passe mal et qu'on allait protéger les salauds, les génocidaires, les pourris... »

Dans l'après-midi du 17 juin, Kouchner, accompagné de Gérard Larôme, directeur de la cellule d'urgence du Quai d'Orsay, se présente au siège de la Minuar. Laissons ici la parole au général Dallaire :

« Contrairement à son intervention mal à propos lors de notre première rencontre, Kouchner me demanda cette fois poliment de lui accorder environ une heure. Il m'expliqua qu'il agissait en tant qu'interlocuteur pour son gouvernement sur son terrain, et qu'on l'avait envoyé spécifiquement pour me voir. Au moins son rôle était clair. » Après avoir dressé un tableau de la situation qui sévissait alors au Rwanda, il en vient à l'objectif de sa visite, qui « cloua sur place » le général Dallaire : « Le gouvernement français, dit-il, avait décidé, dans l'intérêt de l'humanité, de se préparer à diriger des forces de coalition françaises et franco-africaines au Rwanda pour faire cesser le génocide et fournir l'aide humanitaire [...]. Je lui répondis immédiatement "Non !", sans lui laisser la moindre chance de poursuivre, et me mis à proférer tous les jurons canadiens-français que peut contenir mon vocabulaire. Il tenta de me calmer en invoquant des raisons que, semble-t-il, il considérait comme nobles... »

Après sa rencontre avec Dallaire, Kouchner téléphone à l'Élysée. Il obtient Hubert Védrine, le secrétaire général. Il rend compte de l'opposition de son ami Kagame et de celle du général Dallaire à l'arrivée de troupes françaises au Rwanda : « Pour sauver quelques vies, on va mettre de très nombreuses vies en péril », fait-il dire au chef de la Minuar. Et il montre ensuite qu'il est acquis aux thèses FPR, soutenant pour la première fois qu'« il serait bon de faire une déclaration regrettant le passé et précisant que nous n'entendons mener au Rwanda que des opérations humanitaires. [...] Je suis pour ma part en faveur d'une intervention, mais il faut en mesurer les conséquences ». Kouchner demande à Hubert Védrine d'intercéder auprès de François Mitterrand pour l'avoir directement au téléphone. Védrine rédige immédiatement une note au président afin d'appuyer sa demande.

Le 21 juin, à son retour du Rwanda, Bernard Kouchner rencontre Bruno Delaye, responsable de la cellule africaine de l'Élysée, et Hubert Védrine. Il prie les deux collaborateurs de François Mitterrand de lui obtenir un rendez-vous dans l'après-midi même pour attirer l'attention du président sur « les risques de dérapage de l'opération Turquoise », et pour lui demander conseil pour ses prochaines interventions médiatiques, dont une le soir même sur TF1. Une fois de plus, il se fait l'ardent avocat de son ami Kagame. S'il défend toujours le principe d'une opération humanitaire, il tient beaucoup à ce qu'il soit précisé que ladite opération doit être « localisée, temporaire, incitative [...] ; que les troupes françaises soient remplacées avant deux mois par les troupes de l'ONU ; qu'il s'agit de protéger des civils tutsis contre les milices, et en aucun cas d'affronter le FPR ou de stabiliser le Front ; qu'un encadrement politique de haut niveau soit donné sur le terrain à nos forces militaires. Cet encadrement devra avoir la confiance du FPR et le contact permanent avec celui-ci. Il faut éviter la présence des Français à Kigali où pourtant les massacres continuent. Troupes africaines et matériel doivent être fournis à la Minuar pour que la tension diminue dans la capitale. Multiplier les contacts à haut niveau avec le FPR, qui doit être considéré comme un interlocuteur essentiel. Toute cette mission doit être présentée comme une étape nouvelle de notre politique : "le passé est le passé". »

Kouchner ne dissimule donc plus son militantisme et ne tient plus du tout à ce que les soldats français aillent à Kigali... alors qu'aujourd'hui, il ne cesse de regretter que l'opération Turquoise n'y ait pas été menée (« Hélas, *Turquoise* se déploiera sur la route de l'exil des assassins. Pourquoi ? Je n'ai jamais obtenu de réponse claire. "Trop de danger à Kigali", m'a-t-on affirmé[1]. »)

À la fin de juillet 1994, Bernard Kouchner a effectué un troisième voyage au Rwanda, cette fois en tant que nouveau député européen, à la tête d'une mission qui vient notamment offrir une centaine d'observateurs pour ouvrir l'enquête exigée par le Commissaire international aux droits de la personne. Il propose la création de relais humanitaires et surtout critique publiquement le mépris affiché par ses compatriotes français envers le nouveau gouvernement rwandais[2]. Il devient dès lors un fervent et fidèle partisan du régime de fer conduit par son ami Kagame. Il milite pour la reconnaissance du nouveau gouvernement, parlant de sa « vraie volonté d'ouverture, de démocra-

---

1. In *Humanitaire, op. cit.*
2. In *J'ai serré la main du diable, op. cit.*

tie et de respect des droits de l'homme ». Le signe le plus fort de cet engagement a été le passage du chef du FPR au quartier général de la Minuar, qu'il a tenu à visiter après une conférence de presse. Il y a salué tout le monde, y compris les techniciens de surface, mais en évitant soigneusement de serrer la main aux deux équipes françaises[1] arrivées le 10 juillet à Kigali pour assurer les liaisons entre le Minuar et l'opération Turquoise.

Depuis lors, on l'a vu, Bernard Kouchner se définit comme un militant de la « cause tutsie[2] », ethnicisant explicitement son engagement.

---

1. Équipes baptisées DL3 et DL6, composées du lieutenant-colonel Giraud, des capitaines Sechet et Dijoux, du lieutenant Lefevre et de deux caporaux-chef radios.

2. Dans une interview publiée par la revue *Humanitaire*, n° 10, printemps/été 2004.

VII

Kosovo : la récompense

En maintenant la pression, Bernard Kouchner et une poignée d'intellectuels ont, depuis 1992, préparé l'opinion publique à la vaste opération guerrière de l'Otan au Kosovo. Qu'importe si cette campagne de bombardement intensif qui débuta en mars 1999 était une fois encore bâtie sur une manipulation. Elle prétendait riposter au « massacre de quarante civils » par l'armée et la police spéciale serbes à Racak, village kosovar. Belgrade parlait pour sa part d'affrontements entre forces rivales provoquées par les forces séparatistes albanaises, thèse confirmée par le rapporteur de l'ONU, le docteur Ranta. Mais cela, personne ne parut l'entendre. La machine idéologique était en marche, et son processus beaucoup trop bien rodé pour pouvoir être enrayé. On peut même se poser la question de savoir dans quelle mesure elle n'a pas bloqué le processus diplomatique qui s'employait alors à chercher une issue négociée au conflit. Hubert Védrine, alors ministre des Affaires étrangères en exercice dans le gouvernement Jospin, avait tenté en vain de trouver une solution au conflit du Kosovo lors de la conférence de Rambouillet, en février 1999. Mais l'Otan avait imposé des conditions qui se révélèrent inacceptables pour les Serbes, ainsi que le souligna le journaliste allemand Rudolf Augstein, estimant que « les États-Unis avaient, à Rambouillet, posé des conditions militaires auxquelles aucun Serbe doté d'une instruction de niveau élémentaire n'aurait pu souscrire ».

Bernard Kouchner relate à ce sujet une conversation intéressante avec Hubert Védrine :

« Étais-tu hostile aux bombardements ? lui demande l'ex-*French doctor.*

– Nous aurions pu et dû signer à la conférence de Rambouillet.

– Avec Milosevic ? Pour qu'il ait les mains libres au Kosovo, en reniant une fois de plus sa signature ? Le droit d'ingérence avance, Hubert, une conscience internationale des droits de l'homme se développe, une mondialisation des énergies !

– Je m'en méfie. Les nations restent la clé ! répond

le chef de la diplomatie. Les nations restent la clé, pas les émotions des téléspectateurs[1] ! »

Les visions du monde des deux hommes et leurs manières d'envisager les rapports entre nations sont effectivement antinomiques. Kouchner privilégie l'affect, l'émotionnel, terrain d'élection d'une politique de l'instant, partisane et souvent belliqueuse. Hubert Védrine, que Kouchner décrit comme un blasé ironique, s'appuie sur sa connaissance de l'Histoire pour analyser toute situation ; le recul et la réflexion qui en découlent le conduisent à préconiser des solutions qui ne peuvent être que globales et qui passent d'abord et avant tout par la négociation. L'ancien ministre des Affaires étrangères s'inscrit ici dans une démarche diplomatique traditionnelle qui a fait ses preuves, alors que le ministre choisi par Nicolas Sarkozy s'inscrit véritablement dans la « rupture », avec tout ce que ce mot comporte de dangerosité dans le traitement des relations internationales.

Bernard Kouchner applaudit donc aux 58 574 missions aériennes effectuées en 78 jours sur la Serbie et le Kosovo après le rejet par les Serbes, à Rambouillet, de l'occupation militaire du Kosovo, et après une énième manœuvre de désinformation destinée à justifier la guerre. Ainsi, le 17 juin 1999, le Foreign Office britannique déclare que « 10 000 per-

---

1. In *Les Guerriers de la paix, op. cit.*, pp. 39-40.

sonnes ont été tuées au cours de plus de cent massa-cres » au Kosovo ; le 25, le président Clinton confirme le chiffre de 10 000 Kosovars tués par les Serbes ; le 2 août, nommé représentant spécial du secrétaire général des Nations-Unies, Bernard Kouch-ner monte le chiffre d'un cran : il parle de 11 000 Kosovars exhumés des fosses communes. Dans la journée, le Tribunal de La Haye dément ce chiffre. Le 23 septembre suivant, le quotidien espa-gnol *El País* publie un article intitulé « Les policiers et juristes espagnols ne trouvent pas de preuves de génocide au nord du Kosovo ». « Crimes de guerre, oui ; génocide, non ! souligne le journaliste. "On nous disait que nous nous rendions vers la pire zone du Kosovo, que nous devions nous préparer à pratiquer plus de 2 000 autopsies, que nous aurions à travailler jusqu'à la fin du mois de novembre ; le résultat est bien différent : nous avons découvert 187 cadavres et nous sommes déjà de retour", expliquait, graphiques à l'appui, l'inspecteur en chef Juan Lopez Palafox, responsable de la section anthropologique de la police scientifique. » Un peu plus tard, le rapport de l'ONU sur la situation au Kosovo établi par la procureure Carla del Ponte révélera dans la plus grande discré-tion que les fameuses atrocités commises par les Serbes au Kosovo n'étaient qu'utiles affabulations...

Une commentatrice américaine n'hésite pas à

écrire : « Les guerres yougoslaves de désintégration étaient l'occasion idéale de mettre en pratique ce qui, dès lors, est devenu la marque de fabrique de sa doctrine de l'"intervention humanitaire". Cela coïncidait parfaitement avec le besoin des États-Unis de fournir à l'Otan une nouvelle doctrine post-guerre froide autorisant l'alliance militaire à survivre et à s'étendre [...]. Comme récompense, Kouchner a reçu le poste de haut commissaire de l'ONU en charge de l'administration civile du Kosovo occupé (Unmik). Comme quasi dictateur du Kosovo du 2 juillet 1999 à janvier 2001, Kouchner a montré la nature de son "humanitarisme" : montrant du favoritisme pour les "victimes" désignées par l'Otan, c'est-à-dire la majorité albanaise, et en même temps utilisant son superbe charme lors d'efforts sporadiques pour apaiser les Serbes assiégés. Le résultat a été désastreux. Au lieu de promouvoir la réconciliation et la compréhension mutuelles, il a permis que la province tombe encore plus aux mains de clans armés et de gangsters qui terrorisent depuis les non-Albanais en toute impunité [1]. »

Il est vrai que Kouchner n'aura pas réagi avec beaucoup d'ardeur aux massacres et à l'épuration ethnique des Serbes du Kosovo par la majorité albanaise

---

1. In « Bernard Kouchner : Toubib médiatique de l'"intervention humanitaire" », par Diana Johnstone, publié le 18 juin 2007 sur le site Mondialisation.ca

qui avait sa faveur et celle des États-Unis. Pis même, il sera allé jusqu'à la justifier : « La nature humaine dicte sa réponse ; chez quelques Albanais, la vengeance peut être un antidote direct à une région ravagée par la guerre[1]. » À un poste qui imposait la neutralité, il n'aura jamais fait mystère de la sympathie qu'il nourrissait à l'égard de la population albanaise : « J'aime tous les peuples, mais certains plus que d'autres, et c'est le cas du vôtre », disait-il tout en ajoutant être frappé par l'« esprit de vengeance » qui régnait alors au Kosovo[2]. Le haut commissaire n'aura pas fait grand-chose pour donner un coup d'arrêt aux violations quotidiennes des droits de l'homme commises contre des civils par les membres de l'UCK, la milice albanaise. Carla del Ponte, qui était alors procureure près le Tribunal pénal international pour l'ex-Yougoslavie, a même révélé[3] une affaire de trafic d'organes sur trois cents Serbes kidnappés et déportés dans le nord de l'Albanie, dans laquelle aurait trempé, selon elle, Hashim Thaci, actuel chef du gouvernement kosovar, affaire qu'elle

---

1. In « Fool's Crusade », Diana Johnstone, *Monthly Review Press*, New York, 2002, p 254.

2. *Ibid.*

3. In *La Chasse. Moi et les criminels de guerre*, publié en Italie en 2007, qui a fait l'objet d'une très vive controverse, notamment de la part de Florence Hartmann qui était alors sa porte-parole.

aurait dénoncée à la Minuk dirigée par Bernard Kouchner, sans suite et sans succès.

Pendant que Kouchner gérait *civilement* le Kosovo, les Américains y construisaient pour leur part la plus grande base de l'Otan, le Camp Bondsteel, en prolongement de leurs actions antérieures (financement et armement) en faveur des mouvements séparatistes kosovars.

VIII

Urgence Darfour

Après 2002, Bernard Kouchner, devenu consultant international en matière de santé, s'intéresse toujours à l'Afrique. À la Françafrique pour ses prestations privées[1], au Soudan pour son engagement public, mais, cette fois, par le biais d'une province de l'Ouest, le Darfour. Un intérêt qu'il partage là encore avec Washington !

Paradoxalement, le retour des Républicains au pouvoir aux États-Unis et les attentats contre les Twin Towers du 11 septembre 2001 favorisent un certain rapprochement entre Khartoum et Washington. Les néoconservateurs américains se rendent compte de l'importance du Soudan dans leur « guerre contre le

---

1. Voir chapitre XII.

terrorisme », et la galaxie évangéliste qui a ses grandes et petites entrées à la Maison Blanche milite activement pour un règlement du conflit entre le SPLM de John Garang et le pouvoir en place à Khartoum. Toujours sous embargo américain, le Soudan engage alors une certaine coopération avec Washington, par services secrets interposés, tandis que la Maison Blanche contribue efficacement à la signature d'un accord de paix entre le SPLM et les autorités soudanaises. C'est l'Accord de Naivasha (Kenya), signé en janvier 2005 avec Garang.

Pendant ce temps, le Darfour, à l'origine sultanat rattaché au Soudan en 1916, aussi grand que la France et adossé au Tchad, entre en ébullition. Si l'ouest du Soudan s'enfonce ainsi dans la guerre civile, c'est pour de multiples raisons : des sécheresses à répétition, en réduisant la surface des pâturages, exacerbent les conflits entre agriculteurs d'ethnies « négro-africaines » et nomades souvent de lignages « arabes [1] » ; les conflits récurrents au Tchad voisin et l'enrôlement de Darfuris dans les « légions islamiques » libyennes du colonel Kadhafi favorisent une circulation et une banalisation sans précédent des armes ; surtout, l'instrumentalisation de l'irréden-

---

1. Les nomades du Darfour ne sont pas seulement « arabes », mais aussi d'ethnies africaines, comme les Peuls ou même une partie des Zaghawa.

tisme de la province par l'Érythrée et par diverses officines occidentales non encore identifiées [1] est la mèche qui allume l'incendie : villages rasés, civils tués sans distinction, déplacements massifs de populations, etc. Pour compléter le spectre des causes de l'embrasement de la région, il n'est probablement pas inutile de préciser que des spécialistes du pétrole assurent que le Darfour, prolongement des zones pétrolifères de l'Ennedi (Tchad) et de Koufra (Libye), doit recéler des réserves considérables en or noir [2].

De l'avis de la plupart des analystes et humanitaires présents sur le terrain, le point culminant des massacres à grande échelle a été atteint en 2003-2004 [3]. Ce drame trouve un large écho chez les tenants de la droite chrétienne et évangéliste américaine, mais aussi auprès du Mémorial de l'Holocauste de New York et de l'American Jewish World Service qui, avec plus de cent quatre-vingts organisations,

---

1. En juin 2006, à Washington, le directeur de la sécurité de l'aéroport de N'Djamena, ancien préfet du département tchadien du Bahr Al Ghazal, Ali Hassan Allatchimi, a affirmé que des Américains avaient contribué au déclenchement du conflit au Darfour.

2. Lire le n° 501 de *Africa Energy Intelligence*. Lire également Jennifer Héry, *Le Soudan entre pétrole et guerre civile*, L'Harmattan, 2003.

3. Lire l'interview de Rony Brauman publié dans le *Journal du Dimanche* du 10 juin 2007.

créent le 14 juillet 2004 la Save Darfur Coalition, avec le soutien politique du Congrès américain. Des personnalités comme le prix Nobel de la paix Elie Wiesel, grand ami de Bernard Kouchner et de Bernard-Henri Lévy, des stars d'Hollywood (George Clooney, Angelina Jolie), figurent à la tête du mouvement et veillent à donner le plus grand retentissement médiatique à la crise du Darfour. Rarement on aura vu campagne aussi massive. Rarement propagande aura été marquée par un simplisme aussi effrayant, appuyée sur un manichéisme à relents culturalistes du genre : « Des Arabes massacrent des Noirs », ou « Le régime intégriste de Khartoum extermine des populations civiles opposées à la Charia ». Ce, au mépris de l'histoire et de la sociologie du Darfour que des spécialistes de la région ne cessent pourtant d'expliquer, en vain.

La France va être bientôt submergée à son tour par cette vague d'indignation américaine. À l'initiative de SOS Racisme, de la LICRA, du Centre Simon-Wiesenthal, de l'UEJF (Union des étudiants juifs de France), de quelques autres ONG et personnalités humanitaires et médiatiques est créée, le 8 février 2005, « Urgence Darfour », qui reprend intégralement les mots d'ordre *made in USA*. Affirmations catastrophistes et surenchère compassionnelle sont utilisées pour interpeller et mobiliser les Français. Début 2007,

Urgence Darfour avance et diffuse le chiffre macabre de 10 000 morts par mois, contredisant les estimations des ONG agissant sur place.

Bernard Kouchner est un des piliers d'Urgence Darfour. Mais, avant de se pencher sur son action personnelle, voyons un peu quels sont les principaux membres de la coalition sur lesquels il va s'appuyer : le président, Jacky Mamou, ancien président de Médecins du Monde (MDM), association créée, on l'a vu, par Kouchner, a été partisan de l'invasion de l'Irak et est très hostile à la résistance palestinienne ; le secrétaire général, Richard Rossin, ancien membre de Médecins sans frontières (MSF), est cofondateur de MDM ; Diagne Chanel est une artiste plasticienne franco-sénégalaise ; Bernard Schalscha, ancien militant de la LCR, a fait campagne depuis lors contre Siné, le caricaturiste de *Charlie Hebdo*, accusé d'antisémitisme par la direction de ce journal ; Ilana Soskin, avocate, membre de la LICRA, fut proche de l'Union des étudiants juifs de France (UEJF). Très actifs autour d'Urgence Darfour, il y a aussi et peut-être surtout les philosophes proches de Bernard Kouchner, BHL, André Glucksmann, Pascal Bruckner, sans oublier le directeur de *Charlie Hebdo*, Philippe Val, pour qui la liberté d'expression doit être absolue quand il s'agit de critiquer les musulmans ou les catholiques, mais la plus étroite, voire nulle pour ceux qui critiquent Israël et l'adhésion aveugle de certains Juifs à la politique de force de l'État hébreu.

Sur le Darfour, le *French doctor* n'y va pas par quatre chemins. Pour lui, ce qui se passe à l'ouest du Soudan vient « après la Somalie et le Rwanda[1] ». Le ton est donné. Pour lui, la France, « défenseur des droits de l'homme », est malheureusement aujourd'hui « devenue une puissance presque inexistante en Afrique[2] ». Il développe là l'« idéologie de l'ingérence pro-Occident » dont le but est de « faire régner l'ordre dans le monde entier », au risque de s'« aligner sur les positions américano-bushiennes », pour reprendre le commentaire d'Hubert Védrine[3]. Tous les militants d'Urgence Darfour, Kouchner compris, se comportent en effet comme des « néocons ». Tous ou presque ont soutenu l'invasion de l'Irak et sont des inconditionnels de la politique de force israélienne.

Début 2007, la France est en pleine campagne pour l'élection présidentielle. Kouchner et ses amis d'Urgence Darfour décident d'utiliser la caisse de résonance de cette campagne pour servir leur cause. À deux mois du scrutin, le 20 mars 2007, un grand meeting est organisée à la Mutualité à Paris, réu-

---

1. Lire dans *Urgence Darfour*, sous la direction de Morad El Hattab, (Des idées et des hommes, 2007) la contribution de Bernard Kouchner, p. 77.

2. *Ibid.*

3. À « Parlons net », sur France Info, le 14 novembre 2008.

nissant personnel politique, intellectuels, artistes. L'idée première est de faire signer un acte d'engagement pour le Darfour par l'ensemble des candidats à l'élection. Mais, au-delà, le dessein de Kouchner, de BHL et de leurs amis, est d'imposer l'idée d'une solution militaro-humanitaire destinée à sauver les habitants du Darfour, « victimes d'un *génocide* ». Le terrible mot est lâché : Kouchner parle sans barguigner du « premier génocide du XXIe siècle ».

Rony Brauman réagit : « Kouchner a joué un rôle moteur dans cette campagne. Il a organisé avec BHL le grand meeting de la Mutualité [...]. Toutes les têtes d'affiche du monde politique y étaient présentes. Une façon de donner de la solennité à leur campagne et de faire entériner le qualificatif de *génocide* accolé au conflit du Darfour. Kouchner a contribué à fabriquer une situation hyper dramatique en faisant croire qu'il y avait 10 000 morts par mois. Une façon ignoble de triturer et de manipuler les faits. L'obsession de Kouchner vis-à-vis du génocide n'est plus à démontrer [...]. On dirait, chez lui, que plus la taille du charnier est énorme, plus le porte-parole du charnier est vertueux [1]. »

Lorsqu'ils parlent de génocide au Darfour, Kouchner et Urgence Darfour ignorent les conclusions de la

---

1. In Charles Onana, *Les Voyous de l'Arche de Zoé. Enquête sur un kidnapping d'enfants*, Duboiris, Paris, 2008.

Commission internationale d'enquête sur le Darfour présidée par le juge italien Antonio Cassese, selon lesquelles le gouvernement soudanais « n'avait *pas* mené une politique de génocide ». Les éléments factuels apportés par Kouchner et ses amis pour justifier leur jusqu'auboutisme est contesté par les spécialistes non militants. Ainsi le chercheur français Jérôme Tubiana[1], professeur à l'Inalco, grand connaisseur du Darfour, a même pris la peine de répondre à un article de BHL, « Choses vues au Darfour », publié dans *Le Monde* daté du 13 mars 2007, prenant le philosophe dépoitraillé en flagrant délit de bidonnage... Pour parachever la mise au point de leur « piège à compassion », Kouchner et ses amis comparent en permanence ce qui se passe au Darfour avec la Shoah, et plus encore avec le « génocide des Tutsis » au Rwanda.

Au printemps 1997, Kouchner réclamait déjà l'ouverture de « couloirs humanitaires » à partir du Tchad afin de pouvoir accéder aux populations civiles. Ce dernier pays faisant partie du pré carré sous influence française, le *French doctor* comptait bien inciter Paris à faire quelque chose. L'exécutif français se montrait alors très méfiant : l'Élysée et le Quai d'Orsay estimaient cette demande un peu trop d'inspiration américaine. Le président Jacques Chirac, qui

---

1. Lire son analyse « Le Darfour : un conflit pour la terre ? » paru dans *Politique africaine* n° 101 de mars-avril 2006.

« éprouve une grande méfiance face aux intentions de Washington », soupçonnait là la préparation d'un « second Irak[1] ».

Le 10 mai 2007, Nicolas Sarkozy est élu président de la République. Celui qui disait en septembre 2003 qu'il n'irait « jamais dans un gouvernement de droite » est nommé ministre des Affaires étrangères d'un président qui est, avait-il auparavant déclaré, un « homme qui n'a aucune honte à pêcher dans les eaux d'extrême droite ». Très rapidement, le nouveau chef de la diplomatie française annonce la couleur : « urgence absolue » pour le Darfour. L'obsession de Kouchner est une nouvelle fois d'ouvrir des « couloirs humanitaires ». Il évoquera même l'idée d'une zone « d'interdiction de vol », et celle de l'ouverture d'une « représentation diplomatique » de la France au Darfour. Le Soudan se retrouve sous la menace du « droit d'ingérence ». Après une visite à Khartoum où il est fraîchement reçu par les autorités soudanaises, le « Zorro du Quai » butte sur l'hostilité des humanitaires basés au Darfour à son projet de « corridors ». L'ONU et Idriss Déby, président du Tchad, y sont également opposés. Le Tchadien redoute les conséquences d'une telle initiative pour son propre régime.

Kouchner cherche alors à rebondir. Le 25 juin

---

1. Lire l'article de Natalie Nougayrède dans *Le Monde* du 20 février 2007 : « Chassé-croisé franco-américain ».

2007, à son initiative, a lieu à Paris une conférence internationale sur le Darfour. Condoleeza Rice, la secrétaire d'État américaine, et le président Sarkozy y figurent en première ligne. En appuyant Kouchner et donc Washington, le président français espère insuffler un nouveau dynamisme à la diplomatie française. Le Soudan et l'Union africaine (UA), eux, n'ont pas été conviés. La Chine, proche alliée de Khartoum, est en revanche invitée. Mais, à Pékin, on n'est pas dupe : pas question, pour les dirigeants chinois, de condamner le Soudan, à plus forte raison de s'associer à des sanctions contre un pays qui fournit à la Chine 7 % de ses besoins en pétrole, et où elle investit des milliards de dollars. Cette percée de l'Empire du milieu en Afrique – est-il besoin de le préciser ? – est mal perçue à Washington : elle constitue un obstacle supplémentaire aux visées de plus en plus ambitieuses de l'Oncle Sam en Afrique noire.

De cette réunion mal préparée naît l'idée de l'Eufor ; une force européenne, positionnée au Tchad et en République centrafricaine (RCA), destinée à assurer la protection des réfugiés de ces deux pays, étant entendu que ceux massés au Tchad sont pour la plupart originaires du Darfour. Éric Chevalier, ancien de Médecins du Monde, conseiller spécial de Kouchner, « Monsieur Darfour » au ministère des Affaires étrangères, est chargé de convaincre les partenaires

européens de participer à l'opération. Non sans mal :
les relations bien connues entre Paris et ses anciennes
colonies, Tchad et RCA, inspirent de la méfiance à
certaines capitales. Le 25 septembre 2007, après
moult difficultés, la résolution 1778 du Conseil de
sécurité de l'ONU légitime néanmoins l'Eufor
comme « présence multidimensionnelle destinée à
aider à créer les conditions favorables au retour
volontaire, sécurisé et durable, des réfugiés et des
personnes déplacées ainsi que des populations civiles
en danger. » Pour une durée d'un an. On est loin de ce
que désiraient conjointement Kouchner et... George
Bush.

Le fringant ministre des Affaires étrangères dispose toutefois d'un autre atout pour parvenir à ses
fins : la présence en France du chef de la Sudan Liberation Army (SLA), un des principaux mouvements
séparatistes au Darfour. Mohamed Abdel Wahid Nur
est incontestablement l'un des chefs rebelles les plus
charismatiques dans le cœur des réfugiés darfuris. Le
25 février 2007, il a ouvert un bureau de la SLA en
Israël et se prononce pour l'établissement de relations
diplomatiques entre Khartoum et Tel Aviv. Du coup,
l'État hébreu accorde le statut de résidents tempo-
raires à 600 réfugiés du Darfour. Abdel Wahid Nur
est naturellement « un ami » de Kouchner[1] et de ses

---

1. Wahid Nur affirme que c'est Richard Rossin, d'Urgence
Darfour, qui lui a présenté Kouchner.

amis d'Urgence Darfour. Il rencontre à Paris divers émissaires[1], mais refuse obstinément de participer à toutes négociations ayant pour but de trouver une solution politique au conflit du Darfour. Aux autorités soudanaises qui sollicitaient sa médiation, Paris répond qu'Abdel Wahid Nur est libre de ses opinions... En adoptant cette attitude, Bernard Kouchner montre que, comme hier avec le Sud-Soudan, il utilise aujourd'hui le Darfour aux côtés de Washington (et en l'occurrence d'Israël) pour contribuer à renverser le régime en place à Khartoum, son but ultime.

Le matraquage médiatique organisé par Kouchner et ses amis d'Urgence Darfour sur le « génocide » du Darfour et donc sur l'urgence d'intervenir permet seul de comprendre le scandale de l'Arche de Zoé, qui éclate le 25 octobre 2007. Thierry Breteau, ancien sapeur-pompier reconverti dans l'humanitaire, monte avec cinq autres acolytes une opération « Children Rescue ». Le but : évacuer sur la France cent trois enfants « orphelins du Darfour » pour permettre à des familles françaises d'accueil de procéder à une « adoption simple ou plénière », et ce, sans l'accord préalable des autorités tchadiennes ni même celle, explicite, des parents de ces enfants... Breteau s'est

---

1. Richard Williamson, envoyé spécial de Bush pour le Darfour, a rencontré Wahid Nur à Paris le 15 avril 2005.

inspiré là de ce que Kouchner avait fait au Biafra ou au Rwanda : faire fi des frontières et des autorités gouvernementales pour sauver des enfants d'un « génocide ». Breteau et son équipe sont arrêtés avant même d'embarquer avec les enfants à bord de l'avion qui les attendaient à Abéché, mais, au-delà du tohu-bohu médiatique que ne manque pas de provoquer cette histoire, une série de questions demeurent et sont toujours sans réponse. En particulier, comment croire les autorités françaises quand elles prétendent n'avoir pas été au courant des intentions des membres de l'Arche de Zoé ? En cas de réussite de l'opération d'évacuation, *qui* devait accueillir les enfants à leur descente de la passerelle ? Toujours est-il que *Le Canard enchaîné* du 14 novembre 2007 publie un échange de courrier entre Laurent Contini, conseiller Afrique de Bernard Kouchner, et Thierry Breteau, suffisamment explicite pour mettre en doute la plausibilité des déclarations du chef de la diplomatie française...

Le 14 juillet 2008, le juge argentin Luis Moreno Ocampo, de la Cour pénale internationale (CPI), demande l'inculpation du chef de l'État soudanais Omar Hassan al-Bachir pour le « génocide » des populations massalit, fur et zaghawa du Darfour. Cette demande intervient après l'échec des négociations secrètes entre Khartoum et Washington : est-ce un hasard ? Réagissant à cette initiative du juge argentin, le *French doctor* ne boude pas son plaisir : il demande au président soudanais de « respecter la décision de la CPI » ! *Idem* pour ses amis d'Urgence Darfour, qui exultent. À l'Élysée, on est plus prudent : on engage avec le Qatar des négociations destinées à éviter autant que faire se peut l'inculpation du président Bachir...

IX

J'y étais, donc je sais...

La tragédie rwandaise est devenue « son » histoire
sous prétexte qu'il est allé deux fois[1] au Rwanda pendant le génocide, à l'invitation de Paul Kagame. Le
« J'y étais » est devenu l'argument-massue du ministre
des Affaires étrangères contre ceux qui osent s'interroger sur sa politique de réconciliation avec son « bon
ami », le dictateur sanguinaire en poste à Kigali. Pourtant, « son » histoire n'a que fort peu de rapport avec la
réalité dans la mesure où il ne l'a vue qu'au travers du
prisme déformant que lui tendait ledit ami...

Le 3 octobre 2007 sur Europe 1, Bernard Kouchner
fait face à Jean-Pierre Elkabbach. L'interview se

---

1. Et une troisième fois quelques jours après la prise de
Kigali par Paul Kagame.

déroule à merveille jusqu'à ce que le journaliste demande au ministre des Affaires étrangères pourquoi il tient tant à se réconcilier avec Paul Kagame.

« Un, ou deux génocides ? le relance Elkabbach.

– Un génocide, Monsieur, il n'y a pas eu deux génocides ! Les Hutus majoritaires ont tué les Tutsis minoritaires[1]. *J'y étais*. Il s'agit de quelque chose de grave ! » s'énerve Bernard Kouchner.

Le ton a brutalement monté. Kouchner se montre sous son jour le plus caricatural. Il impute la responsabilité du génocide à une seule ethnie. Et, comme il le fait chaque fois qu'il est question du Rwanda, il assène un « J'y étais » érigé en élément constitutif de la Vérité. Il utilise d'ailleurs cet artifice à plusieurs reprises dans son entretien sur Europe 1. Quand Jean-Pierre Elkabbach évoque la possible responsabilité des autorités rwandaises actuelles dans l'attentat du 6 avril 1994, il répond que « les preuves ne vont ni dans un sens, ni dans l'autre, et elles sont très discutables. Mais ce n'est pas cela, *j'y étais*, pardonnez-moi ! Je suis un peu véhément, mais lorsque l'on a

---

1. Une phrase qui vaut à Bernard Kouchner une plainte de la Fédération internationale des associations rwandaises pour diffamation commise envers un groupe de personnes à raison de leur appartenance à une ethnie. « Par son caractère réducteur, cette déclaration laisse à penser que tous les Rwandais d'origine hutue sont des assassins génocidaires ou complices d'assassins génocidaires. »

marché dans le sang et dans les têtes d'enfants, on n'admet pas que les journaux disent n'importe quoi. *J'y étais*, je me souviens très bien de ce qui s'est passé, des appels aux meurtres, de la façon dont ce sont d'abord les démocrates qui ont été tués et qui étaient hutus, comme le Premier ministre. *Je le sais, j'étais avec Roméo Dallaire*, lisez-le, vous verrez ce que cela veut dire. On ne pourra pas dire n'importe quoi, à la fin ! » Kouchner ne se contrôle plus, il a pété les plombs. Il renforce le poids de son « J'y étais » par l'affirmation selon laquelle il était en fait « le seul Français à être là pendant le génocide[1] », et ose, à partir de là, prétendre savoir ce que les juges du TPIR n'ont pas réussi à prouver en l'espace de treize ans, à savoir que le génocide aurait été préparé : « Je peux vous dire qu'il a été préparé, qu'il a été déterminé, et je ne sais pas si c'est l'avion qui l'a déclenché, mais il aurait été déclenché de toute façon. » Kouchner est même convaincu de connaître mieux le dossier que le juge Bruguière... parce qu'*il y était*[2].

Une analyse dépassionnée de ses affirmations péremptoires montre au contraire qu'il a réinventé des morceaux entiers de cette histoire. Comme il l'a fait au Biafra, dans les Balkans, en Érythrée, en Irak, il a

---

1. Ce qui est faux bien sûr.
2. Dépêche AFP du 23 novembre 2008.

pratiqué un tri entre les bons et les méchants, les victimes et bourreaux. Les Tutsis du FPR ont été classés « bons », les Hutus, « méchants », génocidaires, émules des nazis. Cette conviction a permis au *French doctor* de pointer du doigt les bourreaux en n'ayant vu que des restes humains gisant dans la boue à proximité d'une école...

Quand Bernard Kouchner évoque les scènes d'horreur du génocide rwandais, les larmes et la colère se mêlent dans sa voix. Ainsi, face à Jean-Pierre Elkabbach, il reconnaît : « Je suis un peu véhément, mais lorsque l'on a marché dans le sang et dans les têtes d'enfants... » – détails qui lui rappellent ce qu'il a de ses yeux vu à Kibagabaga. En mai 1994, à son retour d'un premier voyage au Rwanda, tout comme aujourd'hui, quand il assène son « J'y étais » pour faire taire un adversaire, un journaliste, voire un juge qui a pourtant mené une longue enquête, ou encore pour contrer ceux qui parlent de « double génocide » ou souhaitent simplement évoquer les responsabilités de Paul Kagame dans le drame rwandais, il repense inéluctablement à cette visite à l'école de Kibagabaga : « Nous marchions sur les cadavres d'enfants décapités. Il y en avait sans doute 2 000 », disait-il déjà au *Monde*[1] en 1994.

---

1. *Le Monde* daté du 19 mai 1994.

Dans le documentaire de Jean-Christophe Klotz[1],
Kigali, des images contre un massacre, diffusé par
Arte le 13 novembre 2006, Bernard Kouchner se souvient aussi de ce qu'il a vu dans le village de Kibagabaga ; son récit accompagne des images montrant
d'abord des soldats du FPR dans un champ, se dirigeant vers des bâtiments ; pour autant, il ne raconte
pas qu'il est allé là, escorté de soldats du FPR, en
partant de l'hôtel Amahoro qui était le siège de la
Minuar à Kigali et où il logeait durant son séjour :
« On a commencé à sentir non pas cette odeur de
massacres frais, mais cette odeur de chairs pourries,
et plus nous avancions, plus la densité des restes des
os était importante, et plus nous étions obligés de
nous taire, et je me souviens qu'en rentrant dans cette
classe il y avait des tables, des bancs, il y avait des
restes, enfin, la poussière qui était là, la boue qui était
là était une boue de chair humaine et de poussière
d'enfants et de cadavres... Tout le monde avait sans
doute été tué dans cette église, j'ai vu ça au Libéria, et
on marche dedans, on veut pas marcher parce qu'on
a le respect stupide et tardif de la mémoire de ces
gens... »
Bernard Kouchner disparaît de l'écran pour laisser
place à la caméra qui avance sur un petit chemin de
latérite au milieu de la verdure. Klotz reprend la

---

1. *Op. cit.*

parole : « Je me souviens aussi. Le soldat voulait que je ferme l'école. Nous avons traversé un champ d'herbe parsemé de restes humains. J'ai trébuché sur un nourrisson coupé en deux avec, comme forme d'excuse, la caméra rivée sur mon épaule. Arrivé à l'école, le soldat a ouvert la porte, j'ai coupé ma caméra. Comment faire entrer ça dans un cadre de télévision ? Le lendemain de notre visite à Kibagabaga, j'ai repris ma caméra sans vraiment réfléchir, je me suis mis à filmer tout ce que je pouvais, comme si je voulais consigner chaque moment de notre voyage, avec l'idée vague qu'un jour, peut-être, j'essaierai de comprendre. » La caméra fouille un écran de verdure et laisse deviner une ombre humaine. La voix du journaliste : « La Bête qui est passée quelques jours avant nous à Kibagabaga ne se laisse pas regarder frontalement. La seule chose que je pouvais faire était d'en filmer les traces. »

La « Bête », pour Kouchner comme pour Klotz, est une image servant à désigner les nazis hutus, les infâmes génocidaires. Les deux hommes y croient probablement dur comme fer, et, à la lecture de ces lignes, ils me traiteront sans doute volontiers de « négationniste » alors que je n'ai jamais nié le génocide des victimes tutsies. Mais la « Bête », à Kibagabaga, recouvrait en réalité les soldats du FPR dirigés par Paul Kagame, l'ami de Bernard Kouchner, et non pas des milices hutues. Les témoignages prouvant ce que j'avance abondent, mais, pour les entendre, encore faut-il se débarrasser de ses oripeaux militants.

Il est important de constater en premier lieu qu'il n'y a pas eu d'enquête sur ce massacre au TPIR. *A fortiori*, il n'y a pas eu de Rwandais condamnés pour celui-ci. Le nom de Kibagabaga est toutefois cité dans l'acte d'accusation contre Théoneste Bagosora, le colonel considéré par le TPIR comme le cerveau du génocide, considéré comme responsable de *plusieurs* morts, en majorité tutsis, à la mosquée de Kibaga-baga, mais pas d'un massacre de masse : « Le 7 avril, des militaires et des miliciens se sont présentés à la mosquée de Kibagabaga. Les militaires ont exigé que les réfugiés s'identifient en exhibant leur carte d'iden-tité ; suivant leur refus, les militaires ont attaqué la mosquée et ont tiré sur les réfugiés, faisant *plusieurs* morts. Par la suite, les réfugiés, en majorité tutsis, ont été forcés de remettre leurs armes traditionnelles et les miliciens les ont attaqués en présence des mili-taires. L'attaque a fait *plusieurs* morts[1]. » Cette attaque est intervenue au lendemain de l'attentat per-pétré contre le Falcon 50 présidentiel à l'instigation du FPR de Kagame !

À ce stade, il est intéressant de se référer au carnet

---

1. http://69.94.11.53/ENGLISH/cases/Bagosora/indictment/index.pdf

de notes de Jean-Christophe Klotz, publié lors de la diffusion de son documentaire[1], pour savoir ce qui a été dit et montré à Bernard Kouchner à propos des « dizaines de cadavres » (et non 2 000) qu'il a vu entassés dans une école qu'il dit être catholique alors qu'elle était protestante. On y apprend que l'histoire de ce massacre a été rapportée par un rebelle tutsi, lequel a découvert le charnier après un combat d'une semaine contre les forces gouvernementales hutues : « Dehors, quelqu'un ramasse un chapelet de métal blanc : "Les gens ont dû beaucoup prier", dit un rebelle tutsi du FPR. Il explique qu'il leur a fallu une semaine pour prendre ce village, le temps, pour les forces gouverne-mentales, de regrouper tous les villageois. De tuer les hommes et d'abattre les animaux. Il vous guide vers une parcelle de terre retournée, montre une fosse commune : "Ici, il y a plus de mille personnes, dit le soldat. Mais, avec les combats, on n'a pas pu enterrer tout le monde." Kibagabaga était un village tutsi. Kiba-gabaga n'existe plus. Au Rwanda, il y a des dizaines, des centaines de Kibagabaga. »

Or, en dehors de l'attaque de la mosquée, le 7 avril, s'il y a eu quelques escarmouches à Kibagabaga entre soldats du FPR et les FAR, *il n'y a pas eu* de combat s'étalant sur une semaine : Kibagabaga était entre les mains du FPR au plus tard le 9 avril. Tout l'épisode

---

1. www.grands-reporters.com/Fractures-interieures.html

rapporté par Kouchner est basé sur le seul témoignage d'un rebelle tutsi, et cette version est fausse.

Avant d'étayer mon affirmation par quelques témoignages, il est important de localiser le village de Kibagabaga et de se reporter à une carte. Kibagabaga est situé au nord-est de Kigali, à près de trois kilomètres plein nord de l'ensemble constitué par le quartier général de la Minuar, installé dans l'hôtel Amahoro (où logeait Bernard Kouchner), et le stade Amahoro. Le village borde la route reliant la Minuar-Remera et Kinyinya.

Après l'attentat qui a coûté la vie au président Habyarimana, le 6 avril 1994 à 20 h 30, les troupes du FPR basées près de la frontière ougandaise, dans la zone-tampon, ainsi qu'à leur quartier général de Mulindi, se sont mises en marche vers Kigali pour opérer leur jonction avec le bataillon FPR de 600 hommes installé au CND depuis la fin décembre 1993 en application des accords d'Arusha, et pour rejoindre également les quelque 3 500 infiltrés du FPR dans la capitale. Dans l'après-midi du 7 avril, les soldats du FPR sont sortis du CND pour attaquer les camps de Kimihurura (garde présidentielle) et de Kacyiru (gendarmerie), et, avec l'aide des infiltrés, tout le secteur de Remera où se situait la Minuar. Durant la nuit du 7 au 8 avril, les troupes du FPR arrivant du Nord traversent la route Kigami-Byumba,

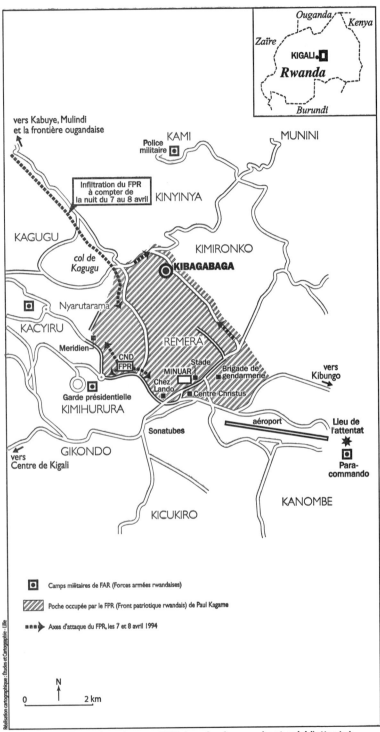

Kibagabaga dans la zone FPR dans les jours qui ont suivi l'attentat

à hauteur du centre paroissial de Kabuye, et continuent vers le CND en passant par le col de Kagugu
et la vallée de Kinyinya et Nyaturama[1]. Elles vont
sécuriser d'abord la route qui mène du col de Kagugu
au CND, puis la piste qui relie le col de Kagugu à
la Minuar-Remera, en passant par Kibagabaga, sans
rencontrer de grandes difficultés. Le bataillon para-
commando de Kanombe qui venait au secours de la
gendarmerie de Remera n'a pas réussi, en effet, à
franchir la route Amahoro-Kinyinya. Et le bataillon
de la police militaire qui était au camp Kami a été
forcé de se replier pour éviter l'encerclement par les
renforts du FPR fonçant vers Kigali. Si bien que dans
la soirée du 8 avril et au plus tard le 9, le FPR contrôlait une zone importante comprenant Kibagabaga
(voir carte).

Nombreux sont les témoignages qui confirment
cette prise de contrôle par le FPR d'une zone réputée
nécessaire pour sécuriser ses approvisionnements en
hommes et en matériels et mener à bien la conquête
de Kigali. Nous nous limiterons ici, pour éviter les
redites à quelques témoignages significatifs :

« Dès le 7 avril, le FPR s'est rendu maître de la
partie de Kigali qui abritait le quartier général de la

---

1. In Faustin Ntilikina *La prise de Kigali et la chasse aux
réfugiés par l'armée du général Paul Kagame*, (secrétaire à
l'état-major de l'ex-armée rwandaise), Sources du Nil, 2008.

Minuar », écrit Jacques-Roger Booh Booh[1], chef de la mission de l'ONU au Rwanda.

Le colonel Luc Marchal, commandant du secteur Kigali de la Minuar, témoigne :

> « Dès le 7 avril au matin, plusieurs sites militaires sont attaqués par des éléments armés du FPR faisant partie des cellules "underground" infiltrées au cours de la période de janvier à mars 1994.
>
> L'offensive réelle débute le 7 avril dans l'après-midi, quand le bataillon FPR du CND, renforcé d'éléments infiltrés, attaque simultanément le bataillon de la garde présidentielle, le camp de la gendarmerie de Kacyiru et la compagnie territoriale de gendarmerie de Remera. Il n'est pas exclu que d'autres endroits (par exemple le camp Kami, le camp Jali) fassent également l'objet d'attaques. Ces emplacements, se situant à plus de 5 kilomètres de mon QG, [échappent] à mes possibilités d'observation.
>
> La compagnie territoriale de gendarmerie de Remera fut totalement anéantie, et plus d'une centaine de civils furent assassinés par le FPR dans ce quartier. Le bataillon parachutiste qui tenta une contre-attaque fut bloqué par les éléments du FPR qui tenaient sous le feu l'axe routier allant de l'aérodrome de Kanombe vers Kimihurura.
>
> *Le 7 avril au soir, la ville de Kigali est en fait coupée en deux selon un axe "est-ouest" allant de*

---

1. In *Le Patron de Dallaire parle : révélations sur les dérives d'un général de l'ONU au Rwanda*, Duboiris, 2005.

Kanombe vers Kacyiru. Le FPR occupe la partie nord de la zone ainsi créée, et les FAR la partie sud. Dès le 8 avril, un bataillon venant directement de Mulindi est arrivé au CND. *Ceci démontre que suite à son offensive, le FPR s'est ménagé un couloir d'infiltration suffisamment dégagé pour permettre d'alimenter sans problème Kigali en effectifs.*

Le 8 et les jours suivants, le FPR élargit sa zone d'occupation et à aucun moment les FAR n'ont été en mesure de repasser au nord de l'axe "est-ouest" décrit précédemment. Ceci est une constatation personnelle, étant donné que mon QG se situant à une encâblure du camp de gendarmerie de Kacyiru, je parcourais plusieurs fois par jour la ligne de démarcation quand je me rendais au QG Minuar, à l'hôtel Amahoro ou à l'aérodrome de Kanombe.

Le 12 avril, le camp de gendarmerie de Kacyiru, qui résistait à toutes les attaques du FPR, est attaqué à l'aube par un bataillon venant de Mulindi, via les hauteurs de Kinyinya. J'ai eu l'occasion d'interroger un sous-officier de ce bataillon qui m'a précisé que plusieurs bataillons avaient déjà rejoint Kigali depuis le 7 avril, que son bataillon s'était ravitaillé en munitions en cours de route grâce à des caches constituées préalablement, et qu'il n'avait rencontré aucune résistance des FAR au cours de son infiltration.

Lorsque, dans l'après-midi du 15 avril, j'ai quitté mon emplacement de QG pour m'installer sur l'aérodrome de Kanombe, la ligne de séparation entre les belligérants était toujours la même. »

Le professeur Filip Reyntjens[1] à l'université d'Anvers parle de « tueries commises par le FPR dès le 7 avril. En particulier à Remera, quartier tout proche du cantonnement du bataillon FPR, celui-ci a tué des dizaines de personnes, essentiellement des intellectuels hutus, avec leurs familles[2] ». Reyntjens précise qu'il « possède une liste de 121 personnes tuées pour le seul secteur de Remera ».

De son côté, Antoine Nyetera, ancien haut fonctionnaire rwandais tutsi, raconte *grosso modo* la même chose que le professeur Reyntjens, mais ajoute : « Le matin du 8 avril, une foule de personnes, Hutus et Tutsis confondus, en provenance des communes de la capitale et des collines avoisinantes – Rubungo, Kibagabaga, Gaculiro et Nyarutarama –, qui fuyaient les combats, se sont dirigées vers le stade national "Amahoro", à Remera, où la Minuar avait établi son quartier général ; les autres se sont dirigées vers l'hôpital Roi-Fayçal. Toutes ces personnes ont été triées par le FPR : les Hutus furent conduits dans un endroit inconnu et ne sont jamais revenus ; ceux réfugiés au stade national ont été triés, en dépit de la présence de la Minuar, et exécutés ; tandis que les

1. Il a été expert auprès du TPIR jusqu'en 2005, date à laquelle il a démissionné pour protester contre l'impunité du FPR.

2. Filip Reyntjens, *Rwanda, trois jours qui ont fait basculer l'histoire*, L'Harmattan, 1995.

Tutsis ont été conduits au quartier général du FPR à Mulindi. *Ce qui veut dire qu'aucun Tutsi des environs n'a jamais été tué, étant donné que le FPR contrôlait cette zone depuis la nuit du 7 avril.* » Et Antoine Nyetera d'insister : « *Aucun Tutsi n'a été tué par les milices ou les forces gouvernementales à Kibagabaga.* À aucun moment les milices hutues n'ont été en mesure de s'opposer aux rebelles tutsis, ni à plus forte raison de se livrer eux-mêmes à des massacres. »

Joseph Matata[1] raconte lui aussi que les combattants infiltrés du FPR ont pris position dans les zones de Remera, Kicukiro et Kacyiru dans le courant de la nuit du 7 avril[2].

Eugène Ndahayo[3], pourtant sauvé des miliciens Interahamwe par les soldats FPR, le 10 avril, et ins-

---

1. Militant rwandais des droits de l'homme qui s'est d'abord opposé au président Habyarimana, avant de combattre les violations des droits de l'homme commises par Paul Kagame et ses troupes.

2. Dans les minutes qui précédèrent l'attentat, les troupes du FPR cantonnées au CND avaient été mises en état d'alerte, comme l'a dit le général Christian Quesnot devant la mission d'information parlementaire sur le Rwanda.

3. Directeur de cabinet du ministre de l'Information d'août 1993 à août 1995 et secrétaire exécutif national du Mouvement démocratique républicain (MDR) de juillet 1994 à septembre 1995. Il réside en France et est l'auteur de *Rwanda. Le dessous des cartes,* L'Harmattan, 2001.

tallé dans un premier temps au CND, quartier général du bataillon FPR, a pu voir « de l'intérieur », si l'on peut dire, les méthodes pratiquées par les soldats du FPR dans la zone où est situé Kibagabaga :

« Plus de 95 % des gens qui arrivaient dans les zones sous contrôle du FPR étaient des Tutsis. Les Hutus que les soldats du FPR rencontraient étaient automatiquement éliminés ; ceux qui, naïvement, fuyaient vers la zone du FPR, faisaient l'objet d'un tri et étaient également éliminés. Ceux qui habitaient aux alentours du cantonnement du FPR ont subi le même sort. Les soldats du FPR présents dans la capitale ont en outre profité de la confusion qui régnait dans Kigali, durant les premières semaines d'avril 1994, pour nettoyer les quartiers de Remera, Kacyiru, Kicukiro, et les collines avoisinantes de Gisozi, Kagugu et ailleurs. Il en est de même des zones autour des corridors que le FPR s'était créés entre son quartier général du CND et Nyamirambo, via Gikondo. Les témoignages qui attribuent les massacres aux seuls éléments de la Garde présidentielle ou des autres FAR ne sont basés que sur l'uniforme militaire que portaient ces derniers, alors qu'il est connu que les soldats du FPR, dans certains cas, portaient le même uniforme que l'armée rwandaise [...].

« Le FPR s'est également livré à des massacres impitoyables lors des opérations de jonction entre le bataillon du CND et ses troupes basées à Mulindi. Ses troupes, conduites par le colonel Sam Kaka, ont brûlé les huttes et tué tous les déplacés de guerre qui n'avaient pas eu le temps de fuir devant la présence surprise du FPR, moins d'une semaine seulement après l'assassinat d'Habyarimana. Quand nous avons entamé notre longue marche vers Byumba, le 23 avril 1994 au soir, le convoi ne cessait de buter sur des tas de cadavres. »

Mais que s'est-il vraiment passé à Kibagabaga ? Si tous les témoins contactés sont unanimes pour dire que ce ne sont pas les milices hutues qui ont commis les massacres dans l'école de Kibagabaga, mais les troupes du FPR (régulières ou infiltrées), il existe quelques variantes dans les versions courant sur les faits.

Valens Rurenganganizi, qui était bourgmestre de Rubungo au moment des faits, était resté en relation étroite avec Kibagabaga, ce village ayant dépendu de Rubungo jusqu'en 1990. Il raconte qu'à Kibagabaga se trouvait une concentration de Tutsis plus élevée que dans le reste de l'agglomération de Kigali. Une communauté forte qui, dans sa majorité, était passée à l'opposition lors de l'avènement du multipartisme. Le Parti libéral y était bien implanté. Ce parti était connu pour être très proche du FPR. Jusque vers la fin 1993, Kibagabaga était donc un bastion FPR. Après l'éclatement des partis de l'opposition en factions rivales, le Parti libéral dit « Power » triompha à Kibagabaga comme ailleurs, au grand dam du FPR. Cependant, le FPR avait infiltré là suffisamment d'agents avec leurs armes. « Cela était bien connu des Interahamwe qui ne s'aventuraient jamais dans cette localité, contrairement à d'autres quartiers où ils manifestaient ostensiblement leur force », explique l'ancien bourgmestre de Rubungo.

Valens Rurenganganizi explique que Kibagabaga constituait un point stratégique pour le FPR à cause de sa proximité d'avec le camp Kami de Kinyinya, dont la mission était de faire régner la discipline au sein de l'appareil militaire. Le FPR avait infiltré les localités situées entre sa base du CND et le camp Kami. Après le début de la guerre, le FPR s'est empressé de renforcer ses positions sur le terrain en commençant à envahir Nyarutarama et Kibagabaga dès le soir du 7 avril.

« Dans le souci de casser les bases arrière du FPR, rapporte le maire de Rubungo, les Interahamwe ont essayé d'attaquer Kibagabaga par surprise, le 7 avril, mais ils se sont heurtés à une défense qui les a surpris par son ampleur. Certains y ont même laissé la vie. À partir du 8 avril 1994, Kibagabaga était entièrement sous contrôle du FPR, et le restera jusqu'à la fin de la guerre.

« Sitôt après les accrochages violents du 7 avril entre les Interahamwe et les milices armées pro-FPR, presque toute la population s'est enfuie de chez elle. Mais comme ils ne pouvaient pas aller bien loin, beaucoup se sont naturellement dirigés vers l'école anglicane de Kibagabaga pour se mettre à l'abri, espérant ainsi se placer sous la protection de Mgr Adonia Sebununguri qui dirigeait l'église anglicane et habitait dans les environs.

« Malheureusement, ils seront décimés sans distinction par le FPR et ses agents. Parmi les victimes, des Hutus et des Tutsis : les Hutus pour ce qu'ils sont, les Tutsis pour avoir adhéré au PL-Power, et donc pactisé avec les Hutus. »

Rose Mukantwali, ancienne rédactrice au journal *Kinyamateka*, qui habitait près du QG de la Minuar, et dont les enfants ont étudié à l'école de Kibagabaga, raconte comment toute sa famille a été conduite, le 8 avril, au stade Amahoro, par des soldats du FPR, comment son mari a été emmené à l'extérieur du stade et tué, comment les militaires sont venus avec des camionnettes enlever des Hutus, et comment ceux-ci ont été abattus dans des endroits éloignés du stade. « L'école de Kibagabaga fut un des ces endroits où le FPR a massacré les Hutus enlevés au stade Amahoro », résume-t-elle.

Ainsi donc, quand Bernard Kouchner raconte, ému, avoir marché dans « une boue de chair humaine et de poussière d'enfants et de cadavres », et pointe du doigt la « Bête », c'est-à-dire ces monstres de Hutus génocidaires, il n'a fait qu'inverser les rôles des victimes et des bourreaux. À Kibagabaga, les monstres étaient ses amis tutsis du FPR agissant sur ordre de Paul Kagame. Ce qui n'empêche évidemment pas qu'à quelques kilomètres de Kibagabaga, la fameuse « Bête » désignait cette fois bel et bien les milices hutues qui se livraient à des chasses à l'homme tout aussi terrifiantes.

Cette inversion kouchnérienne des bourreaux et des victimes ne s'est pas limitée à l'école de Kibagabaga. Quand il est revenu de son premier voyage au Rwanda, Bernard Kouchner a, pour marquer les esprits, parlé des « 25 467 corps arrivés dans le lac Victoria après avoir été charriés par la rivière Akagera ». S'il se garde de préciser qui est responsable d'une telle horreur, il est néanmoins plus que probable, au vu de ses interviews, qu'il suggère que ces 25 467 cadavres furent l'œuvre des génocidaires hutus. Il connaît déjà Paul Kagame, qu'il considère comme un libérateur soutenu par son peuple. Bernard Kouchner n'est déjà plus mentalement en état de tenir compte des informations susceptibles de remettre en cause le schéma qu'il s'est construit sur le drame rwandais.

Les informations sur ces cadavres flottant dans le lac Victoria étaient pourtant déjà diffusées et donc disponibles quand il se trouvait au Rwanda. Le jour de sa rencontre avec Dallaire, Rupert Colville, porte-parole du HCR, expliquait dans une conférence de presse tenue à Genève qu'un « représentant du HCR a vu à la frontière entre le Rwanda et la Tanzanie des soldats tirer sur les réfugiés traversant la rivière pour se rendre en Tanzanie » ; il ajoutait que durant les derniers jours, des réfugiés venant de plusieurs dizaines de villages avaient indiqué que les soldats du FPR tuaient et torturaient des Rwandais avant de jeter leurs corps dans la rivière Akagera : « Ils incluent des raids dans les villages dont les habitants ont été conduits dans des écoles et mis en pièces à coups de machette, et dans d'autres villages les habitants ont été jetés vivants, pieds et poings liés, dans la rivière Akagera. » Ces abominations firent l'objet d'une dépêche AFP datée du 17 mai 1994. De nombreux autres détails sur les massacres perpétrés dans l'est du Rwanda sont parvenus par le biais des organisations qui accueillirent les quelque 350 000 réfugiés dans les camps de Tanzanie. Les rescapés installés au camp de Benaco ont ainsi décrit les massacres perpétrés par le FPR notamment avec l'agafuni, sorte de houe usagée : la victime est ligotée avec des cordes solides et un Inkotanyi (rebelle tutsi) lui assène un coup avec la partie contondante de l'outil.

Un peu plus tard, Marcel Gérin, propriétaire d'un

ranch de 1 800 hectares dans le parc de l'Akagera, a complété le tableau des horreurs commises par le FPR dans l'est du Rwanda. Il a raconté avoir assisté, à partir du 15 avril 1994, au « nettoyage » opéré par les soldats du FPR :

« Dans un premier temps, j'ai assisté au nettoyage de la région, au rassemblement des populations restées en arrière parce que ces personnes étaient malades ou handicapées, ou trop jeunes pour pouvoir suivre le reste des fuyards. Ces gens ont été rassemblés par paquets qu'on a éliminés à la mitrailleuse et à la grenade. Ils ont fini sur des bûchers ou ont été rejoindre les innombrables "flotteurs" [des cadavres – NdA] qu'il y avait à ce moment-là sur tous les lacs, rivières et ruisseaux du Rwanda, entre autres la rivière Akagera que j'ai appelée par la suite le "Nil noir[1]". »

Ces cadavres charriés par la rivière Akagera jusqu'au lac Victoria firent que les districts environnant ce lac furent déclarés « zones sinistrées » par le gouvernement ougandais, le 22 mai 1994. De nombreux articles et télégrammes diplomatiques ont témoigné de cette sinistre réalité.

Les approximations de Bernard Kouchner ne se limitent pas au massacre de Kibagabaga ni aux

---

1. In *Africa International*, n° 319, novembre 1998, cité dans *Noires fureurs...*, *op. cit.*

25 467 corps flottant à la surface du lac Victoria. Le *French doctor* s'est permis un gros écart par rapport à la réalité, lequel présentait le double avantage d'étayer son discours pro-FPR et de faire mieux reluire son auréole de héros. Depuis mai 1994, il répète à l'envi avoir essuyé des tirs des Interhamwe, les milices hutues, à son retour de Gitarama où il était allé rencontrer les membres du gouvernement intérimaire. Ce qui est vrai, c'est qu'après la bifurcation de Ruhengeri, passé Giticyinyoni, peu avant les feux rouges de Nyabugogo, son convoi a été la cible de tirs provenant d'une mitrailleuse en batterie sur le flanc de la colline Jari, du côté gauche de la route. Les deux officiers qui l'accompagnent emmènent alors Kouchner dans la bananeraie et l'obligent à se mettre à plat ventre alors que les deux blindés d'escorte continuent leur chemin. Grâce à sa radio, l'officier sénégalais entre en relation avec le général Dallaire, décrit la situation et demande à son supérieur de téléphoner au FPR afin que celui-ci suspende ses tirs. Le général demande à l'officier sénégalais de rester à l'abri en attendant qu'il le rappelle. Une demi-heure plus tard, la mitrailleuse s'est tue. Le patron de la Minuar rappelle l'officier pour lui dire qu'il peut reprendre la route avec Kouchner. À son arrivée à Kigali, des journalistes informés de l'incident de parcours demandent à Kouchner l'origine des tirs.

— Je ne sais pas, répond-il, alors qu'il a parfaitement entendu le dialogue entre Dallaire et son officier.

Mais, peu après, sur les ondes internationales, il déclarera avoir essuyé des tirs des FAR.

Bien plus tard, au début 2004, il reviendra sur cet incident dont il continuera à exonérer le FPR, l'attribuant ainsi *de facto* aux milices hutues ou aux forces gouvernementales : « Au retour, une attaque du convoi, qui ne pouvait être fortuite, a fait des blessés parmi nous, et nous a bloqués deux heures sous le feu, dans le fossé, avant l'arrivée des secours de l'ONU. »

L'officier de liaison rwandais qui accompagnait Kouchner et qui garde un souvenir précis de cet incident affirme qu'il n'y eut pas de blessés, que Bernard Kouchner n'est resté couché qu'une demi-heure dans la bananeraie, et que la Jeep a pu repartir sur Kigali sans attendre d'autres secours.

En 2007, Bernard Kouchner en remet néanmoins une louche et incrimine cette fois directement les Interahamwe : « Nous en avons été victimes, mes amis et moi, dans un guet-apens organisé pour être meurtrier, au retour de Gitarama[1]. »

Même Jean-Christophe Klotz, le cameraman de Capa, qui l'accompagnait, dément, dans son carnet de

---

1. In *Rwanda : Pour un dialogue des mémoires, op. cit.*

notes[1], la version de Bernard Kouchner, « qui a passé la journée au siège du gouvernement rwandais pour tenter de négocier l'évacuation d'une centaine d'orphelins prisonniers de la capitale. Des enfants tutsis. De la même ethnie que *le combattant du FPR, là-haut sur la colline, penché sur le viseur de sa mitrailleuse lourde.* Mais lui ne le sait pas. Son travail est d'interdire le passage. Et, derrière nous, les Hutus des troupes gouvernementales cherchent à le forcer. Nouvelle rafale. Le bruit et la force des explosions sur le sol ne laissent aucun doute sur l'arme utilisée : une mitrailleuse anti-aérienne, calibre 12.7, capable de percer 10 centimètres de blindage à 300 mètres de distance, mortelle jusqu'à 2 kilomètres. Les impacts hachent les branches d'arbres alentour, font éclater un petit mur d'argile et nous plaquent dans le fossé, le nez dans la boue... »

Depuis quelques années, Bernard Kouchner insiste sur l'exploit ayant consisté à libérer les « prisonniers tutsis de l'hôtel des Mille-Collines », des « "cadres" de Kagame qui étaient près de deux mille[2] ». Après un préambule farfelu[3] probablement dû à une

---

1. *Op. cit.*
2. In revue *Humanitaire, op. cit.*
3. Il fait état d'une rencontre en Afrique du Sud avec François Mitterrand, Nelson Mandela et Boutros-Ghali qui s'est

mémoire défaillante, il raconte que cette opération de sauvetage a été un succès partiel : « de nombreux enfants seront sauvés, des adultes aussi, dont la moitié du futur gouvernement. » Il est revenu sur le sujet sur Europe 1, le 3 octobre 2007. Face à Jean-Pierre Elkabbach, il s'est alors emporté : après avoir répété pour la énième fois que c'était lui qui avait vendu l'opération Turquoise à Paul Kagame, il précise, en réponse à son interlocuteur, qu'il était allé « à l'appel de Paul Kagame pour faire sortir les enfants des orphelinats. Et s'ils ne sont pas morts, c'est parce que *nous* l'avons fait. L'hôtel les Mille-Collines, cela a fait un fameux film, cela ne s'est pas passé ainsi, c'est *nous* qui les avons fait sortir ! Tout cela, je l'ai fait à l'appel de Paul Kagame, il avait confiance en moi... »

Une fois de plus, Kouchner prend de grandes libertés avec la réalité des faits. Les Tutsis qui logeaient à l'hôtel des Mille-Collines n'étaient pas des prisonniers, mais seulement des réfugiés, en un lieu considéré comme le plus sûr de Kigali, puisqu'il était placé sous la protection de la Minuar. Dix casques bleus étaient postés en permanence devant les portes de l'hôtel, sous le commandement du lieutenant-colonel congolais Moigny dont la mission

---

déroulée le 4 juillet 1994 et où Boutros-Ghali l'aurait aidé dans un sauvetage qui a eu lieu auparavant... en mai et juin !

était justement de protéger ces réfugiés. Il n'y avait pas là deux mille cadres tutsis, puisqu'on dénombrait 1 268 personnes alors à l'hôtel, dont de nombreux journalistes, expatriés, hommes politiques, fonctionnaires, membres des Nations-Unies et d'ONG.

Bernard Kouchner s'est effectivement rendu le 15 mai à l'hôtel des Mille-Collines aux côtés du général Augustin Bizimungu, chef d'état-major de l'armée rwandaise, et du colonel Théoneste Bagosora, pour tenir une réunion avec les représentants des réfugiés, et il a alors demandé aux militaires rwandais de s'engager à ce que l'hôtel ne soit pas attaqué. Les deux militaires ont donné leur parole. La même démarche avait été faite par José Ayala Lasso, commissaire des Nations-Unies aux droits de l'homme, et par Iqbal Riza, du secrétariat général de l'ONU[1].

Comme il l'a si souvent fait depuis le Biafra, le *French doctor* ne manque pas d'assimiler la tragédie rwandaise à la Shoah et à Auschwitz : « J'ai su au Rwanda pourquoi les Juifs ont été tués pendant la guerre et pourquoi les Alliés n'ont pas bombardé les chemins de fer qui les acheminaient vers les camps de la mort... J'ai su qu'Auschwitz[2], etc.... » ; il a clai-

---

1. In Alfred Ndahiro et Privat Rutazibwa *Hotel Rwanda : ou le génocide des Tutsis vu par Hollywood*, L'Harmattan, 2008, livre qui expose la version officielle de l'État rwandais sur ce qui s'est passé à l'hôtel des Mille-Collines.

2. In documentaire de Klotz, *op. cit.*

rement désigné les bourreaux et s'est mis lui-même en scène : « Il y avait deux petits cons qui étaient là, ou quatre, pour alerter le monde. Nous étions branchés avec les États-Unis, la France, l'Angleterre ; le soir, on appelait les pays. Il y en avait dix-neuf, un par un, qui avaient promis d'envoyer des troupes. Qu'est-ce qu'ils ont fait, ces salauds ? Je sais que Clinton n'a pas fait une seule réunion de cabinet, et pourtant j'aime Clinton, et j'aimais François Mitterrand... »

Sitôt Nicolas Sarkozy élu, Paul Kagame envoie le major Richard Sezibera à Paris avec pour seule et unique mission de faire enterrer le dossier Bruguière et d'annuler les mandats d'arrêt qui en résultent. Pour ce faire, le plus proche collaborateur de Paul Kagame, ancien ambassadeur du Rwanda spécialisé dans les affaires sensibles, dispose dans la capitale française d'un bon carnet d'adresses et, le cas échéant, d'arguments sonnants et trébuchants pour redynamiser le lobby pro-FPR. Il rencontre à cette occasion le philosophe André Glucksmann et son ami Bernard Kouchner, tous deux partisans inconditionnels du nouveau régime rwandais. Le second n'est pas encore ministre des Affaires étrangères, mais son nom circule parmi ceux qui pourraient occuper le job. Il aurait d'ailleurs déclaré à Nicolas Sarkozy que s'il était nommé, il se faisait fort de dénouer la crise entre Paris et Kigali.

Les liens entre Kagame et Kouchner sont, on l'a vu, étroits et déjà anciens. Chacun est convaincu de pouvoir compter sur l'autre en toutes circonstances. En mars 2006, Bernard Kouchner est ainsi allé à Kigali demander le soutien de son ami pour sa candidature à la tête de l'OMS (Organisation mondiale de la santé) ; Paul Kagame le lui a accordé. À Bernard Kouchner de renvoyer l'ascenseur s'il est effectivement nommé au Quai d'Orsay, comme le laissent entendre des rumeurs de plus en plus insistantes.

Le major rwandais remet donc une note sur le dossier Bruguière afin qu'elle soit transmise à Nicolas Sarkozy. À Bernard Kouchner, Richard Sezibera communique également les desiderata de Paul Kagame pour une reprise des relations diplomatiques entre les deux capitales.

Dès qu'il est nommé à la tête du Quai, le nouveau ministre fait une priorité absolue du rétablissement de ces relations, rompues par Kigali après le lancement des neuf mandats d'arrêt contre des membres de l'entourage de Paul Kagame, tout en sachant pertinemment quelle est la condition *sine qua non* posée par son ami rwandais[1]. La position de Kouchner sur ce dossier est confortée, le 8 décembre 2007, à

1. In « L'erreur de Kouchner », *Libération* du 11 septembre 2007.

Lisbonne, par une rencontre entre Nicolas Sarkozy et Paul Kagame en marge du second sommet UE-Afrique. Cinq jours plus tard, le 13 décembre, une réunion a lieu à l'Élysée en vue d'organiser la normalisation des relations entre la France et le Rwanda. À Sylvie Pantz, conseiller aux affaires juridiques internationales et aux droits de l'homme au cabinet de Bernard Kouchner, de se procurer et d'éplucher le dossier Bruguière. Elle participera à un « groupe téléphonique » composé de Jean de Gliniasty, patron de la direction Afrique au Quai, et de Martin Ngoga, procureur général du Rwanda. Autour d'eux s'activeront également Charlotte Montel, conseiller Afrique au cabinet de Bernard Kouchner, et surtout Laurent Contini, autre conseiller Afrique au cabinet, à qui son engagement militant derrière le FPR et Paul Kagame vaudra, lors de cette réunion du 13 décembre, une singulière remarque de Bruno Joubert, adjoint de Jean-Daniel Levitte, conseiller diplomatique de Nicolas Sarkozy, qui, l'invitant à s'exprimer, déclarera avec mordant : « Je passe la parole au représentant personnel de Paul Kagame... »

Les conciliabules téléphoniques et dans les bureaux du Quai aboutissent à la rencontre à Kigali, le 26 janvier 2008, de Bernard Kouchner et Paul Kagame. Les deux hommes discutent pendant une heure trente.

Le Rwandais salue « son bon ami Kouchner » ; le Français parle d'« erreurs politiques » de la France. De quoi agacer fortement Alain Juppé, Édouard Balladur, Dominique de Villepin et Hubert Védrine, et exaspérer le général Jean-Claude Lafourcade, président de l'association France Turquoise[1], ancien patron de l'opération Turquoise, ainsi que les militaires concernés par les attaques rwandaises et qui, depuis 1994, se sentent peu à peu lâchés par les autorités politiques.

Paris continue néanmoins à donner des signes de bonne volonté à Kigali en faisant arrêter, à sa demande, des Rwandais figurant sur la « liste noire » des prétendus génocidaires afin qu'ils soient extradés. Ces listes dressées arbitrairement constituent avant tout un moyen de rendre la vie impossible à ceux que le régime de Kigali, pour une raison ou une autre, estime dangereux, voire de les éliminer. Le numéro un sur la dernière liste n'est-il pas Gabriel Maindron, prêtre français qui a passé une grande partie de sa vie au service du Rwanda, et qui, en 1994, a sauvé nombre de Tutsis[2] ? Ces listes ne sont pas inconnues

---

1. L'association France Turquoise a pour but de « défendre et promouvoir la mémoire et l'honneur de l'armée française et des militaires français ayant servi au Rwanda ».

2. Il a fait l'objet d'un livre écrit par Nicolas Poincaré, intitulé *Rwanda : Gabriel Maindron, un prêtre dans la tragédie*, Les éditions de l'Atelier, 1995.

de Sylvie Pantz, du cabinet de Bernard Kouchner, puisque, avant de se rendre au Kosovo[1], elle a eu à instruire, en tant que juge d'instruction à Paris, les dossiers de deux Rwandais y figurant : l'abbé Wenceslas Munyeshyaka et Sosthène Munyemana. Malgré la « bonne volonté » du Quai d'Orsay, la justice française a néanmoins refusé de donner suite à toutes les demandes d'extraditions formulées par Kigali directement, ou indirectement *via* le TPIR...

À la fin du printemps 2008, j'apprends que les fonctionnaires du Quai et les Rwandais chargés de la normalisation des relations entre Kigali et Paris estiment que la meilleure solution pour contourner, voire annihiler le dossier Bruguière serait de faire venir à Paris Rose Kabuye[2], tout en lui garantissant qu'elle ne serait pas incarcérée. Kigali pourrait ainsi avoir accès au dossier d'instruction et se donner la peine de le mettre en pièces par tous les moyens...

Le 5 août 2008, la publication du rapport Mucyo réduit provisoirement à néant les efforts de Kouchner et de ses conseillers qui n'ont manifestement pas pris

---

1. Où elle a fait la connaissance de son futur ministre.

2. Qui fait partie des neufs Rwandais faisant l'objet d'un mandat d'arrêt. Le choix de Rose Kabuye, chef du protocole et proche de Paul Kagame, n'est pas dû au hasard : son dossier dans l'instruction menée par le juge Bruguière est le moins lourd.

toute la mesure du despote de Kigali. François Mitter-rand, Édouard Balladur, Alain Juppé, Dominique de Villepin, Paul Dijoud, Hubert Védrine et divers hauts fonctionnaires y sont accusés par les autorités rwandaises de complicité de génocide. D'après le même rapport, les militaires ayant servi au Rwanda de 1990 à 1994, en particulier ceux qui ont participé à l'opération Turquoise, auraient « pleinement pris en charge le projet génocidaire », plusieurs d'entre eux étant désignés nominativement comme comptant parmi les « personnalités militaires françaises les plus impliquées dans le génocide ». Le rapport décrit des scènes horribles dans lesquelles des militaires français auraient violé, tué, jeté des Tutsis d'hélicoptères. En conclusion, le rapport Mucyo annonce le lancement de mandats d'arrêt visant trente-trois personnalités civiles et militaires françaises.

Cette charge brutale et mensongère[1] contre la France, ses plus hauts responsables politiques et ses militaires, échafaudée à partir de nombreux faux témoignages, a pour objectif de doter le Rwanda de cartes maîtresses dans ses négociations avec la France. La presse française en fait ses choux gras,

---

1. Je suis moi-même mis en cause dans ce rapport : je suis censé avoir tenté d'enlever un cadre du FPR en Allemagne en 1991, tentative qui aurait été bloquée par les services secrets allemands ! *NdA*.

rapportant sans distance les accusations de Kigali et ne voyant aucune nuance à y apporter. *Le Monde* y consacre même sa une. Quant au ministère français des Affaires étrangères, il assure le service minimum pour répondre à des accusations aussi graves mettant en cause la France, notamment feu François Mitterrand sans qui Kouchner serait probablement resté le mirobolant *French doctor* de ses débuts ! Seul Romain Nadal, porte-parole du Quai, dénonce des « accusations inacceptables », tout en soulignant la volonté de la diplomatie française de « construire une nouvelle relation » avec Kigali.

Les militaires, eux, estiment ces attaques « intolérables » et « n'accepteront pas, déclare le 19 septembre 2008 le général Jean-Claude Lafourcade, président de France Turquoise[1], qu'elles restent sans réponse, devenant ainsi une "vérité" qui restera dans l'histoire. Victimes d'une manœuvre à l'évidence politique du régime de Kigali, ils considèrent que celle-ci doit recevoir une réponse politique au plus haut niveau de l'État. C'est pourquoi ils demandent instamment au président de la République, chef des Armées, de dénoncer publiquement ces accusations inacceptables et d'agir à son niveau pour ne pas laisser se développer une stratégie d'instrumentalisation

---

1. Voir site Association France Turquoise http://www.france-turquoise.

du génocide rwandais. » Parallèlement à leur action politique, un certain nombre de militaires mis en cause, atteints dans leur honneur, décident de donner une suite judiciaire à ces accusations.

La grogne des militaires oblige l'Élysée à réagir. Jean-Daniel Lévitte, conseiller diplomatique de Nicolas Sarkozy, organise le 19 septembre une réunion au 2, rue de l'Élysée. Le ministre-bis des Affaires étrangères est accompagné de l'amiral Guillaud, chef d'état-major particulier du président, de Bruno Joubert, conseiller Afrique à l'Élysée, de Philippe Étienne, directeur de cabinet du ministre des Affaires étrangères, de Jean de Gliniasty, directeur Afrique au Quai d'Orsay, et de plusieurs autres représentants des Affaires étrangères et de la Défense. Tout ce beau monde se retrouve face à une dizaine d'officiers de haut rang visés par les accusations du rapport Mucyo : l'amiral Jacques Lanxade, le général Christian Quesnot, le général Jean-Claude Lafourcade, le général Raymond Germanos, le colonel Michel Robardey, le général Patrice Sartre, le colonel Jacques Hogard, le général Éric de Stabenrath, le contre-amiral Marin Gillier et le colonel Grégoire de Saint Quentin. Jean-Daniel Lévitte affirme que « le président de la République suit personnellement et très sérieusement ce "sujet difficile" ; qu'il n'accepte pas qu'on porte atteinte à l'honneur de la France, de l'armée française, et à celui de ses soldats ; que la France, en tant que membre permanent du Conseil de sécurité de l'ONU, ne peut accepter une telle mise en accusation qui pourrait mettre en difficulté ses capacités à assumer ses responsabilités internationales futures. » Et de poursuivre en déclarant que le souci de l'heure est aussi « d'écarter la menace de poursuites judiciaires rwandaises. Au-delà des militaires, des personnes, c'est la France qui est en cause. Mais il n'existe pas de solution miracle... » Lévitte affirme qu'un double message a été passé – « martelé », même – à Kagame, et le sera encore, à New York, par Nicolas Sarkozy, quelques jours plus tard, en marge de l'assemblée générale des Nations-Unies, message selon lequel, d'une part, la France n'accepte pas d'être accusée de complicité de génocide, et, d'autre part, la justice française est indépendante du pouvoir exécutif, lequel ne peut donc en aucun cas stopper la procédure Bruguière, ce qui est au fond le seul but poursuivi en l'occurrence par Kagame. Toutes paroles accueillies très favorablement par les militaires. Surtout quand le conseiller diplomatique leur indique qu'il faut répondre au rapport Mucyo : « Ne pas répondre serait une manière de l'accréditer. Il faut répondre point par point à ces accusations. »

Les militaires interviennent à plusieurs reprises :

L'amiral Lanxade estime qu'il appartient au président de s'exprimer et de trouver les moyens de gérer la crise ; « mais on ne peut avoir aucune confiance en Kagame, qui ne comprend que les rapports de forces. Il faut réagir avec fermeté. » Il estime qu'il faut associer les Africains et les diplomates mis en cause au « démontage » du rapport Mucyo.

Le général Quesnot suggère avec énergie que la stratégie de Kagame, dictateur sanguinaire, doit être combattue et neutralisée « par une stratégie offensive mobilisant si possible les Espagnols, mais aussi les Anglo-Américains, avec lesquels le président est très bien, et aussi les pays africains ».

Le général Lafourcade annonce qu'un certain nombre de militaires ont décidé de porter plainte pour diffamation. Ces militaires attendent néanmoins une condamnation claire et publique du rapport Mucyo par le président.

En levant la séance, Jean-Daniel Lévitte donne rendez-vous aux militaires pour une nouvelle réunion, au retour du président Sarkozy de New York. Les militaires sortent satisfaits. Pour la première fois ils ont le sentiment que le président de la République va apporter une réponse d'État au rapport Mucyo et à toutes les attaques dont ils sont l'objet depuis quatorze ans.

Après la rencontre discrète, le 26 septembre 2008, entre Nicolas Sarkozy et Paul Kagame, Jean-Daniel Lévitte réunit derechef, le 1er octobre, comme promis, les militaires[1] visés par les accusations du rapport Mucyo. Le conseiller diplomatique rend d'abord compte de l'entrevue entre les deux chefs d'État à New York. Un entretien courtois, mais ferme de part et d'autre.

Nicolas Sarkozy a attaqué directement en disant à Paul Kagame qu'il savait bien que son objectif principal était l'arrêt de la procédure Bruguière contre les dignitaires rwandais, mais que la justice en France était indépendante et qu'il n'était donc pas en son pouvoir de lui donner satisfaction, si tant est qu'il en ait eu envie. Qu'il n'y avait donc qu'une seule possibilité pour « avancer » : que les autorités rwandaises acceptent de coopérer avec les juges français en les recevant à Kigali pour tenter de les convaincre de leur innocence et les faire éventuellement changer d'opinion...

Le président français a ensuite évoqué le rapport Mucyo en indiquant qu'il rejetait totalement les accu-

---

1. Le général Christian Quesnot, le général Raymond Germanos, le colonel Cussac, le colonel Roux, colonel Michel Robardey, le général Jean-Claude Lafourcade, le général Jacques Rosier, le général Patrice Sartre, le général Didier Tauzin, le colonel Jacques Hogard, le contre-amiral Marin Gillier et le colonel Grégoire de Saint Quentin. L'amiral Lanxade était absent. Était présent à titre d'observateur le général Mourgeon, chef de la cellule Rwanda au ministère de la Défense.

sations de complicité de génocide portées contre la
France, l'armée française et les personnalités françaises visées, qu'il jugeait inacceptable de voir impliquer la France de près ou de loin dans le génocide. Il
a informé Paul Kagame que certains officiers attaqués
dans leur honneur et leur réputation par Kigali
allaient engager des poursuites judiciaires, et que cela
lui paraissait légitime. Il a insisté enfin sur le fait que
l'escalade judiciaire (l'éventuelle émission de mandats d'arrêt internationaux par le Rwanda) n'était
dans l'intérêt de personne.

Paul Kagame, de son côté, a brossé un historique
de ses (mauvaises) relations avec la France. Il a fait
état de son espoir, déçu par la suite, à l'issue de la
première entrevue avec le président français à
Lisbonne, au mois de décembre précédent, que les
mandats délivrés par le juge Bruguière seraient rapidement annulés. Il a évoqué le rapport Mucyo en précisant qu'il envisageait à son tour l'émission de
mandats d'arrêt en guise de réponse du berger à la
bergère. Pour lui, la justice française a instruit exclusivement à charge. Il est « scandalisé » qu'un pays
puisse ainsi imposer sa justice à un autre.

Nicolas Sarkozy a mis l'accent sur sa proposition
de dépêcher à Kigali son conseiller juridique Patrick
Ouart afin de préparer une éventuelle mission des
juges français dans la capitale rwandaise. Il a enfin

précisé que la France répondrait point par point, le moment venu, aux accusations figurant dans le rapport Mucyo.

Satisfaits, les militaires rappellent qu'ils attendaient une déclaration ferme, claire et sans ambiguïtés du président de la République condamnant publiquement le rapport Mucyo. Jean-Daniel Lévitte affirme que celle-ci interviendra dans un délai d'environ un mois.

Un mois plus tard, Nicolas Sarkozy n'a toujours pas fait de déclaration, et les militaires (mais aussi les politiques) ont toutes raisons d'être amers. D'autant plus qu'ils peuvent constater, dans le courant du mois de novembre 2008, le traitement judiciaire de faveur accordé à une protégée de Paul Kagame, traitement déjà envisagé au printemps précédent par les collaborateurs de Bernard Kouchner. Que s'est-il donc passé ?

Le 23 octobre 2008, le juge Trevidic qui, avec le juge Coirre, a succédé au juge Bruguière à la section antiterroriste à Paris, a annoncé aux parties civiles qu'il allait clôturer l'instruction et transmettre au parquet le dossier ouvert à la demande des familles des trois Français morts dans l'attentat du 6 avril 1994 contre l'avion présidentiel, ouvrant ainsi la voie à un procès devant la Cour d'assises spéciale chargée de juger les actes terroristes. Un procès par contumace en l'absence des neuf suspects visés par la procédure. Le juge a laissé entendre qu'il était l'objet d'incessantes pressions[1] et était persuadé que tout serait fait pour empêcher une clôture de l'instruction. Conscients que cette clôture va considérablement envenimer les relations entre Paris et Kigali, puisque la seule perspective judiciaire envisageable est la condamnation par contumace des neuf Rwandais au maximum de la peine, deux proches conseillers de Nicolas Sarkozy, Patrick Ouart et Bruno Joubert, se rendent donc à Kigali, les 29 et 30 octobre 2008, pour tenter de trouver une solution destinée à empêcher la clôture imminente de l'instruction.

Le résultat de ces tractations va être connu quelques jours plus tard. Le dimanche 9 novembre, les médias annoncent que Rose Kabuye, directrice du protocole de Paul Kagame, a été arrêtée à l'aéroport de Francfort en vertu d'un mandat d'arrêt européen. Elle avait pourtant été avertie par les Allemands, à qui elle avait demandé, à Kigali, un visa « à titre personnel », qu'elle serait arrêtée dès son arrivée. Kigali élève bien sûr une protestation dénonçant cette arrestation « politique ». Très vite, on apprend que Rose

---

1. Sur France Info, le 13 janvier 2009, le juge a parlé des « conseils amicaux » qui lui étaient prodigués sur ce dossier, et a dit en substance avoir pris une décision qui n'était pas souhaitée par le pouvoir.

Kabuye souhaite expressément « être transférée en France, le plus rapidement possible », et se dit « prête à parler aux juges », selon son avocat, Mᵉ Léon-Lef Forster. Le mardi suivant, Paul Kagame rend visite à son amie à la prison pour femmes de Francfort. Pendant plusieurs jours, de grandes manifestations de soutien sont organisées à Kigali à la fois pour soutenir Rose Kabuye et pour s'en prendre à Paris et à Berlin... Mais tout cela n'est à l'évidence qu'une mise en scène.

Le 18 novembre 2008, Rose Kabuye est donc présentée au juge Trevidic qui souhaite l'incarcérer. Mais le procureur général veille. Arguant notamment que Rose Kabuye nie les faits, qu'un témoin important[1] s'est rétracté par voie de presse, entre autres arguments qui laissent pantois le juge et les avocats des parties civiles, il demande le maintien en liberté de Rose Kabuye, pourtant mise en examen pour « pour complicité d'assassinats en relation avec une entreprise terroriste et association de malfaiteurs ». Le juge des libertés accède à sa demande. Et voilà donc Rose Kabuye libre, qui, telle une star, va enchaîner interview sur interview dans les médias français.

---

1. Il s'agit d'Abdul Ruzibiza, ancien membre du Network Commando qui avait monté l'attentat contre le Falcon 50 à bord duquel périt le président Juvénal Habyarimana. Opportunément, il s'était rétracté et avait mis Rose Kabuye hors de cause.

Bernard Kouchner va même se fendre de quelques déclarations si favorables qu'on pourrait croire que Rose Kabuye est l'invitée officielle de la République française ! Au cours de l'émission de Radio France Internationale, TV5-Monde et le journal *Le Monde*, le ministre dit « espérer qu'ayant accès au dossier, elle pourra, grâce à ses avocats, dissiper ces énormes malentendus, je le souhaite infiniment ; il faut que l'on rétablisse, avec ceux qui ont subi le génocide, avec ce Rwanda qui renaît, des relations normales ». Incroyable empiètement sur le domaine de la justice de la part d'un membre éminent de l'exécutif ? Comment le patron du Quai d'Orsay peut-il parler de « malentendus » au sujet d'une affaire de terrorisme qui a fait l'objet d'une longue enquête par un juge indépendant ? Mais, pour justifier à la fois son immixtion dans une instruction en cours et son incroyable prétention à décréter l'innocence de Rose Kabuye, l'ex-*French doctor* n'hésite pas à réembou-cher son refrain du « J'y étais » : « J'y étais, j'étais le seul Français à être là pendant le génocide... » S'exprimant par un autre média, il louera le courage de Rose : « Mme Kabuye a été assez courageuse pour faire face à tout le monde, et est maintenant en liberté chez nous », ajoutant que « le plus important, (c'est) le rétablissement de relations normales avec le Rwanda, et que le lourd, très lourd malentendu soit levé. Ça prendra encore un certain temps. Mme Kabuye, qui a maintenant accès à son dossier, devra certainement, avec ses avocats, présenter un certain nombre de remarques ; elle est en tous les cas libre d'aller et de venir dans notre pays[1]. »

Mais les vacances de Noël approchent et Rose Kabuye est triste à l'idée d'être éloignée pour les fêtes de son pays et de sa famille. La France, bonne fille, l'autorise donc à aller passer la fin de l'année à Kigali où elle est accueillie en héroïne à sa descente d'avion...

Mais pourquoi donc la France, au-delà même du militantisme de Bernard Kouchner, plie-t-elle devant Paul Kagame en mettant notamment tout en œuvre pour gripper sa propre machine judiciaire ?

Le Monde daté des 18-19 janvier 2009 donne probablement une bonne partie de la réponse. Nicolas Sarkozy, à l'occasion des vœux annuels du corps diplomatique, a annoncé qu'il préparait une initiative de paix au Kivu[2], région occupée, ravagée, mutilée, exploitée par Paul Kagame depuis une douzaine d'années. Il a l'intention de proposer « un partage de l'es-

---

1. Bernard Kouchner interviewé par l'AFP à Addis Abeba, le 21 novembre 2008.

2. Région de l'est de la République démocratique du Congo, frontalière de l'Ouganda, du Rwanda, du Burundi et de la Tanzanie.

pace et des richesses » entre le Rwanda et la
République démocratique du Congo (RDC). C'est
très exactement ce que souhaite le dictateur rwandais
qui verrait ainsi toute son action depuis 1990 légiti-
mée. Encore faudra-t-il, pour mener à bien cette initiative, que Paul Kagame accepte de négocier avec
Joseph Kabila.

En stigmatisant « l'organisation étrange des richesses
frontalières », Sarkozy et Kouchner remettent en cause
le sacro-saint principe de l'intangibilité des frontières
accepté par les États africains lors de la décolonisation. Une voie très dangereuse par les risques de
contagion qu'elle comporte et qui s'inscrit, semble-
t-il, dans les perspectives américaines telles qu'on
peut les deviner au travers d'un point de vue, celui
d'Herman J. Cohen, ex-responsable de la politique
africaine à Washington de 1989 à 1993, et publié dans
le *New York Times* du 15 décembre 2008.

X

Comment la « Reine Christine » est devenue femme de « ménages », puis la « Voix de la France » dans le monde

« Dans une république bananière, la nomination d'une femme de ministre en tant que directrice générale de France Monde, une holding regroupant les participations de l'État dans différentes chaînes de radio et de télévision à vocation internationale, nous aurait fait sourire ironiquement. Chez nous, non. »

Qui ose publier cette diatribe indignée après la nomination en février 2008 de Christine Ockrent à la tête de France Monde[1] ? Le très modéré *Ouest-*

---

1. Parce que la marque France Monde était déposée, elle va devenir « Audiovisuel extérieur de la France » (AEF), qui réunit les participations de l'État dans Radio France internationale (RFI), TV5Monde et France 24.

France, en l'occurrence sur le blog de son rédacteur en chef, Jean Lallouet. Sa conclusion hésite entre amertume et appel à la vigilance : « Le couple Kouchner-Ockrent s'accommode de ces petits arrangements népotiques de république bananière. Et nous aussi. Finalement. » Pourtant, le rédacteur en chef de *Ouest-France* ignore encore sans doute tout de la campagne pugnace menée pour imposer l'épouse de l'infatigable Bernard à ce poste, et oublié que le Quai d'Orsay avait élevé ladite épouse au rang d'officier dans l'ordre de la Légion d'honneur à l'occasion de la promotion du 14 juillet 2007.

Car l'annonce de la nomination de Christine Ockrent provoque un tollé, d'abord au sein même de la chaîne : les partenaires francophones de TV5Monde – Suisses, Belges, Canadiens, Organisation internationale de la francophonie (OIF), que l'on n'a même pas pris la peine de consulter – protestent vertement. Leur participation au capital et à la programmation de la chaîne fait l'objet d'une convention internationale, laquelle stipule que TV5 ne saurait en rien devenir la voix du Quai d'Orsay.

Mais c'est surtout en France même que cette nomination choque, alors que son coût brut mensuel de 40 000 euros n'est pas encore connu [1]. À la fin de l'été 2007, le choix de Christine Ockrent pour animer une

---

1. C'est *Bakchich* du 19 septembre 2008 qui, à la une de son numéro 91, « Audiovisuel extérieur : Le jackpot d'Ockrent et

nouvelle émission politique sur France 3 avait déjà fait polémique : comment peut-on confier une telle émission à l'épouse d'un ministre ? s'insurgeaient déjà certains. Avec le poste de directrice générale de France Monde, un nouveau palier est franchi : « L'information de France Monde aux mains de l'épouse du chef de la diplomatie française, voilà qui peut faire tousser », relève *Libération* [1]. De leur côté, les syndicats de journalistes s'inquiètent « d'un conflit d'intérêts » et voient dans cette nomination une menace pour la « crédibilité » de l'Audiovisuel extérieur de la France. Imaginerait-on, un instant seulement, le mari de Condoleezza Rice promu à la tête de *Voice of America* ? Bien entendu, pour sa part, la ministre de la Culture, Christine Albanel, n'y trouve rien à redire : « On n'est pas la compagne de, l'épouse de, on est quelqu'un, une femme, une personnalité », ajoutant que « ce sera plutôt *une grande chance* ». Pour qui ? Pour la principale intéressée ? Pour la chaîne ? pour la France ? pour le monde ?

À la guerre comme à la guerre, Bernard Kouchner lui-même n'hésite pas à monter au créneau, déclarant

---

Pouzilhac – Le million ! Le million ! Les patrons de l'Audiovisuel extérieur français Christine Ockrent et Alain Pouzilhac ont touché le gros lot. Un million d'euros annuels pour leurs salaires. » Pouzilhac, ancien patron de France 24, a été nommé président de la nouvelle entité dirigée par Christine Ockrent.

1. *Libération* du 20 février 2008, par Raphaël Garrigos et Isabelle Roberts.

lui aussi qu'il s'agit d'un « bon choix », usant à cette fin d'un argument imparable : « Je la sais très indépendante. [...] Depuis vingt-six ans, elle ne m'a pas interviewé une seule fois, et je crois que ça va continuer », assure-t-il, toujours sans rire[1]. De fait, n'est-ce pas, qui serait mieux placé qu'un mari pour évaluer l'indépendance de sa femme ? Et le fidèle Bernard de poursuivre : « S'il y avait un conflit d'intérêts, je serais le premier à le reconnaître. Je ne me mêlerai pas du tout d'audiovisuel extérieur, j'en fais le serment ! » Enfin, le ministre puise dans l'arsenal féministe le plus conformiste son ultime argument : « Je ne vois pas pourquoi [ce sont] toujours les femmes qui devraient démissionner. Je pense que ça se passera très bien ; si ça ne se passe pas bien, je serai là pour répondre à vos critiques et prendre les décisions qui s'imposent. » Qu'on se le dise : en cas de problème de conflit d'intérêts, le preux Bernard n'hésitera pas à rendre son maroquin ! Il est comme ça, Bernard, un « gentleman démissionnaire », comme le pointe méchamment le mensuel *Entrevue*[2].

En réalité, le ministre manifeste là un toupet hors pair, car cette polémique survient quelques semaines seulement après le scandale des « ménages ». Le 6 février 2008, en effet, la Société des journalistes

---

1. Bernard Kouchner sur France Inter, lundi 3 mars 2008.
2. 14 mars 2008, entrevue.fr.

(SDJ) de France 3 avait publié un communiqué malicieusement intitulé *Remue-ménages*, énumérant quelques-unes des prestations princières (ou plutôt royales) de Christine Ockrent : Forum des retraites organisé par la Caisse des dépôts à Bordeaux, le 26 octobre 2007 ; « maîtresse de cérémonie » lors du lancement de Microsoft Windows Vista et des « Trophées de l'intégration paysagère » des antennes relais SFR ; université d'été du Medef en août 2007, etc. La SDJ déplorait « cette confusion des genres », estimant de surcroît que les interventions rémunérées de la journaliste sapaient la crédibilité de la chaîne. Elle exigeait de la direction de France 3 « les mesures disciplinaires qui s'imposent à l'encontre de Christine Ockrent. » Contactée par *Le Point*, la direction de France 3 rappelait qu'une lettre d'avertissement avait déjà été adressée à la présentatrice de *Duel sur la 3* à la suite de révélations de l'hebdomadaire sur lesdits « ménages » d'Ockrent ; elle ne tolérerait plus, à l'avenir, le moindre écart de conduite de celle-ci vis-à-vis des règles en vigueur au sein du service public.

Quelles sont ces règles ? Les collaborations extérieures rémunérées sont, par principe, interdites aux journalistes de France Télévisions, sauf dérogation exceptionnelle accordée par le directeur de la rédaction. « Femme de ministre ou pas, la sanction sera immédiate », prévient d'ailleurs à ce moment-là la hiérarchie.

Mais les informations sur les « ménages » publiées par la SDJ n'étaient pas exhaustives. Ici et là, on retrouvait la trace d'autres prestations : les Assises de la décentralisation, à Rouen, en février 2008 ; un colloque à l'occasion des quarante ans de Carrefour ; le 34e congrès de la Fédération internationale de la presse périodique (au Carrousel du Louvre)[1]. Sans parler de sa collaboration étroite avec Aude de Thuin pour le Women's Forum...

Par ses « ménages », Christine Ockrent ne violait pas seulement les règles du service public ; elle enfreignait aussi la charte des devoirs professionnels des journalistes français, laquelle édicte qu'« un journaliste digne de ce nom [...] ne touche pas d'argent dans un service public ou une entreprise privée où sa qualité de journaliste, ses influences, ses relations seraient susceptibles d'être exploitées ; ne signe pas de son nom des articles de réclame commerciale ou financière ; [...] n'use pas de la liberté de la presse dans une intention intéressée ». Malgré cela, personne à ce jour n'a eu l'idée de confronter le « journalisme à l'américaine » dont se revendique fièrement Christine Ockrent avec cet agenda surchargé de « séminariste ». Ce ne sont certes pas ses anciens collègues de la chaîne CBS dans les années 1970, son ancien employeur, qui auraient apprécié ce type d'écart vis-à-vis d'une déontologie minimale...

---

1. In *Le Canard enchaîné* du 26 mars 2003.

Combien fallait-il débourser pour que la « journaliste » honore une manifestation de son auguste présence ? L'agence qui s'occupait d'elle voici quelques années facturait 18 000 euros « l'animation d'une réunion d'une demi-journée ». À cette somme il fallait ajouter le coût éventuel d'un assistant[1]. Ces prestations aux tarifs enviables venaient s'ajouter à des émoluments, piges et droits d'auteur déjà très substantiels. Grâce à une pige hebdomadaire de quelques minutes sur France 24 – jusqu'à sa nomination comme directrice générale de l'AFE –, elle bénéficiait du troisième salaire plus important de la chaîne ! Cette pige en or ne l'obligeait même pas, cependant, à se déplacer jusqu'à Issy-les-Moulineaux, puisque journalistes et techniciens, dûment équipés des matériels et caméras utiles à la séquence, se déplaçaient jusqu'à *La Closerie des Lilas* à deux pas du domicile des époux Kouchner, rue Guynemer, pour enregistrer ces deux billets d'humeur hebdomadaires, l'un en français, l'autre en anglais. Sa pige mensuelle de 10 000 euros était versée à Alexandre SA. Précisons de surcroît qu'en principe les règles du service public interdisent là encore ce type de versement. Sans doute n'existent-

---

1. *Cf.* Guy Birenbaum, *Nos délits d'initiés, mes soupçons de citoyen*, Stock, 2003 .

elles que pour ceux qui ont la faiblesse de les respecter...

Manifestement, ces pratiques n'ont pas gêné les autorités qui ont cédé au lobbying en faveur de Mme Kouchner. Leur argument ? Le « professionnalisme » de la « Reine Christine ». Regardons donc de ce côté. Tout comme son compagnon, la « grande professionnelle » ne parle jamais aussi bien que lorsqu'il s'agit d'elle-même. « "Le silence. [...] J'essaie d'apprivoiser le silence", écrit-elle au début de *La Mémoire du cœur*, un livre publié peu après son départ fracassant de *L'Express* en 1997. "Stoppée net dans (son) aventure à la tête de l'hebdomadaire", la journaliste vedette de la télévision y relate "trente ans de fièvre et de poursuites", rythmant son travail de mémoire de quelques portraits à la serpe, de considérations sur le microcosme de la presse et de la politique, et de ses rencontres avec l'Histoire avec un grand H. Le premier de ces récits concerne bien sûr l'interview en 1979 de l'ancien Premier ministre du shah d'Iran, Amir Abbas Hoveyda, dans sa prison d'Erevan, peu avant son exécution. Elle décrit l'ancien grand seigneur se raccrochant à l'idée que le monde extérieur ne l'oublierait pas, la difficulté de mener l'interview dans l'ancienne infirmerie transformée en cellule, les réactions violentes qui ont suivi la diffusion de ce document[1]. Pour elle, "bien des antipathies de principe [à son encontre] trouvent là leur origine". Christine remonte ensuite dans le temps en évoquant son expérience à la télévision américaine, au *Sixty minutes* de CBS, à une époque (en 1968) où il n'y avait "ni Noir, ni femme" parmi les journalistes vedettes de la chaîne. Un brin nostalgique, elle décrit ses patrons américains, passablement mal élevés mais tellement professionnels[2]... » Et, côté professionnel, on peut lui faire confiance : Christine ne plaisante jamais !

Après un rapide passage à Europe 1, elle arrive en 1981 à Antenne 2, où elle va présenter le journal télévisé de 20 heures en alternance avec Patrick Poivre d'Arvor qui, écrit-elle, « n'aime rien tant que guetter dans l'œil de l'autre le reflet de sa propre splendeur ». Puis elle devient directrice-adjointe de TF1, « de bout en bout un épisode désagréable ». Elle réintègre alors en 1988, la deuxième chaîne, devenue France 2, mais la révélation de son salaire (déjà !) provoque une polémique, puis une grève qui l'obligera à partir. Elle parle, à propos de cet épisode qui l'a « blessée », de l'« univers impitoyable » de la télévi-

---

1. Je fais partie de ceux qui furent plutôt scandalisés par cette interview d'un condamné. D'autant plus que j'avais rencontré et apprécié à plusieurs reprises cet amoureux de la France qui arborait chaque jour une orchidée différente à la boutonnière...

2. *La République des Lettres*, jeudi 21 février 2008.

sion. Elle rebondit ensuite à *L'Express* où elle s'affiche « fière de diriger un grand journal qui, plus que d'autres, a marqué l'histoire de son temps ». Puis elle doit en partir plutôt brutalement... Quoi qu'il en soit, la légende de la « Reine » a la vie dure. Surtout auprès d'un Laurent Joffrin qui se croit obligé d'écrire dans *Libération* : « Nul ne doute des qualités professionnelles de Christine Ockrent. »

Je préfère laisser ici la plume à mon ami Philippe Cohen[1] pour dresser un portrait « professionnel » plus proche de la réalité. En commençant « par l'échec de *L'Européen*, un hebdomadaire pourtant lancé avec de gros moyens – et en partenariat avec *Le Monde* – en 1998. Suivra l'échec de *L'Express*, jusqu'à ce que l'actionnaire décide d'appeler Denis Jeambar à la rescousse pour sauver le titre mis gravement en péril. Diriger un journal ne lui a pas donc réussi. Elle est davantage performante, semble-t-il, dans l'exécution de "ménages".

« Certes, objectera-t-on, la reine Christine, comme son surnom l'indique, est avant tout une femme de télévision, poursuit Cohen. Mais, depuis son départ du JT d'Antenne 2, en 1985, ses efforts pour maintenir une audience décente à son émission politique se sont soldés par autant d'échecs patents, ce qui a

---

1. Avec qui j'ai écrit *La Face cachée du* Monde, Mille et une nuits, 2003.

conduit les stratèges de France 3 à reculer toujours davantage au cœur de la nuit la diffusion du magazine qu'elle présente avec son même sourire inoxydable. Évidemment, Ockrent a toujours considéré que la faible audience de son magazine traduisait le désintérêt des Français pour la politique (et pour l'Europe), quand bien même ces derniers battent tous les records de civisme avec des taux d'abstention parmi les plus faibles de l'histoire de la République. Le secret de son insuccès est éventé depuis longtemps : Ockrent est la plus conformiste et la plus convenue de tous les journalistes français, strictement incapable d'une idée ou d'un angle journalistique original. Le plus étonnant dans cette affaire est l'étrange impunité dont elle a toujours bénéficié. La Reine Christine est devenue une intouchable dans un système qui n'hésite pas, par ailleurs, à "zapper" n'importe quel journaliste ou animateur dès qu'une légère érosion se fait jour. On peut dire d'elle tout ce que l'on veut, sauf qu'elle est compétente. Cela n'empêche pas les confrères de lui souhaiter bonne chance à la tête du groupe France Monde [1]. »

Même si le Quai d'Orsay n'exerce plus une tutelle directe sur l'Audiovisuel extérieur de la France, la « Voix de la France » restera néanmoins la « Voix

---

1. Philippe Cohen : « Christine Ockrent, femme de, mais surtout incompétente ! », *Marianne* du 21 février 2008.

de son Maître », du moins tant que le patron de la diplomatie française sera Bernard Kouchner. Christine Ockrent a en effet une vision du monde à la fois élitiste et mondialiste très « néocons », pro-américaine, on ne peut plus ressemblante à celle de son mari. À moins que ce ne soit l'inverse ? Égrenons quelques notes pour avoir à l'oreille la texture de la voix d'une « certaine France » incarnée désormais par Mme Kouchner :

Le richissime financier américain d'origine hongroise George Soros estime nécessaire que l'Union européenne devienne un acteur de poids sur la scène mondiale[1] ; l'homme qui a eu la peau de la livre sterling en septembre 1992[2] estime que les Européens doivent se regrouper pour offrir une alternative politique crédible. En octobre 2007, il parraine donc le lancement d'un « think tank » paneuropéen, sorte de lobby dont le but est de contribuer à mettre sur pied une politique étrangère véritablement commune aux Européens. L'European Council on Foreign Relations (ECFR) est dirigé depuis Londres par Mark Leonard, ancien du Center for European Reform (CER), offi-

---

1. http://bruxelles.blogs.liberation.fr/.shared/image.html?/photos/uncategorized/2007/10/01/lasoros0044s.jpg

2. George Soros a parié sur le fait que la Banque d'Angleterre ne pourrait résister à de trop fortes pressions, et en spéculant pour de très gros montants, fit « sauter la banque »...

cine qui servit de boîte à idées à Tony Blair et au parti travailliste. Parmi les cinquante membres fondateurs, on trouve le Finlandais Martti Ahtisaari, les Italiens Giuliano Amato et Emma Bonino, le Belge Jean-Luc Dehaene, l'Allemand Joschka Fischer, le Polonais Bronislaw Geremek, le Britannique Chris Patten, et, parmi les Français, outre Dominique Strauss-Kahn, les incontournables Alain Minc et... Christine Ockrent.

En juin 2008, la session baptisée « Chantilly, Virginia, USA » du Comité Bilderberg se réunit, comme chaque année depuis 1954, dans un hôtel de luxe. Bilderberg, c'est la confrérie plus ou moins occulte des plus grosses fortunes mondiales et de leurs serviteurs au sein des gouvernements qui comptent, actionnant les ficelles des États qu'ils ont mis en place en finançant en partie leurs campagnes électorales. Ces multimilliardaires aux identités tenues secrètes se concertent régulièrement pour décider d'une stratégie commune, autrement dit déterminer à quelle sauce les peuples de la planète seront mangés pour que le système financier existant continue de les enrichir. Les journalistes n'ont évidemment pas accès à ces réunions. Seule est connue la liste des invités « extérieurs », lesquels ne sont conviés qu'à l'apéritif. La promotion française 2008 réunit notamment : Bertrand Collomb, du groupe Lafarge ; le ministre

Jean-Pierre Jouyet ; Christophe de Margerie, patron de Total ; Thierry de Montbrial, président de l'Institut français de relations internationales (IFRI) ; Manuel Valls, élu PS ; et Christine Ockrent.

Durant la guerre du Kosovo, Christine Ockrent a soutenu à plusieurs reprises, avec force, les frappes aériennes de l'Otan, notamment à l'occasion d'interviews accordées à la chaîne de télévision publique américaine PBS, dans le cadre de l'émission « Lehrer Newshow » :

« Mme Ockrent, si l'objectif était humanitaire, la guerre est perdue, non ?, la questionne-t-on le 21 avril 1999.

– Je ne suis pas d'accord avec vous, répond-elle. Je crois que l'objectif était bien humanitaire, et que la guerre est gagnée. Oui, nous avons un million de réfugiés. Mais il vaut mieux avoir un million de réfugiés qu'un million de morts. Et je crois qu'on se souviendra de tout ça en pensant que, pour la première fois à la fin de ce siècle, nos nations démocratiques se sont donné le droit d'intervenir dans un État souverain pour y protéger et y sauver une minorité ethnique. »

Du Kouchner dans le texte !

Les députés de l'opposition ne se sont pas gênés pour dénoncer le couple Kouchner, en décembre dernier[1], ainsi qu'en témoignent les comptes rendus

---

1. Assemblée nationale (XIIIe législature). Compte rendu intégral, session ordinaire du mardi 2 décembre 2008 (2e séance).

officiels des séances de l'Assemblée nationale. Le député socialiste François Loncle a ainsi déploré la mise sous contrôle politique et le dépeçage de l'Audiovisuel extérieur français. « S'agissant du contrôle politique », il évoque le licenciement brutal de Richard Labévière, « dont l'un des reportages sur RFI a déplu au ministre des Affaires étrangères, et que Mme Kouchner a fait licencier ; celui, loin d'être anodin, du directeur de la rédaction de France 24, M. Grégoire Deniau, qui, ayant lui aussi déplu à M. Kouchner, fut licencié par Mme Kouchner ; celui encore de M. Bertrand Coq, rédacteur en chef à France 24, qui, ayant déplu à M. Kouchner, fut à son tour licencié par Mme Kouchner.

« Quelle honte ! commente Didier Mathus (PS).

– Or, voilà que nous apprenons la confirmation de l'éviction d'un grand journaliste que vous connaissez tous, M. Ulysse Gosset – qui n'est pourtant pas classé "à gauche", loin s'en faut –, et la censure intégrale de l'une de ses émissions. Mme Kouchner n'a pas même reçu ce producteur [1], journaliste et réalisateur à France 24, pour lui signifier son licenciement, enchaîne François Loncle.

---

1. Ce qui est faux. Christine Ockrent a même prétendu qu'elle « n'était pour rien dans cette éviction », et a déclaré comprendre son amertume et sa colère. Voir interview d'Ulysse Gosset dans *Libération* du 18 décembre 2008.

– C'est plus fort qu'elle ! commente Didier Mathus.

– La rédaction, s'étant réunie, a estimé que M. Gosset "paie pour un affront fait à Bernard Kouchner, ministre des Affaires étrangères, qui, cet été, n'avait pas apprécié un portrait de lui réalisé pour l'émission *Le Talk de Paris*, dont il était l'invité". M. Kouchner l'ayant fait savoir à la direction, c'est-à-dire à Mme Kouchner, la chaîne s'en était excusée ! Voilà où en est l'image de l'Audiovisuel extérieur de la France. Songez à l'interprétation qu'en font nos voisins européens, ou d'autres États que nous avons coutume de critiquer pour leur mainmise sur l'information... C'est scandaleux ! » poursuit François Loncle.

Noël Mamère (Verts) évoque de son côté « la main basse sur l'Audiovisuel extérieur de la France, en particulier sur France 24 et sur RFI. En effet, il s'agit bel et bien d'une reprise en mains politique ». Il exprime un peu plus tard son « dégoût, que beaucoup ici partagent, à l'égard des procédés, dignes d'une république bananière, auxquels ont recours les responsables de France 24. Je le disais hier : il existe une sorte de relation incestueuse entre les responsables de l'Audiovisuel extérieur – qu'il s'agisse de TV5, de France 24 ou de RFI – et le pouvoir. À preuve, les personnes qui dirigent ces organismes sont des amis ou des proches du pouvoir, appartiennent à la famille ou au clan. » Noël Mamère revient lui aussi sur l'éviction d'Ulysse Gosset : « Les journalistes n'ont-ils donc plus le droit d'être critiques, comme l'était le portrait du ministre des Affaires étrangères diffusé sur France 24 le 28 juillet dernier ? » Il affirme, à la fin de son intervention, pouvoir « multiplier les exemples de responsables de RFI qui ont été remerciés. Les relations incestueuses entre le pouvoir et les responsables du journalisme vont parfois loin : songez que "la journaliste d'exception", comme on la qualifie, représente désormais l'État au Conseil d'administration de RFI ! Sans doute, comme le suggère *Le Canard enchaîné*, a-t-il aussi fallu procéder à un "nettoyage d'exception" à RFI... »

Un ancien adjoint de la « Reine Christine », du temps qu'elle officiait à la direction de *L'Express*, se souvient du terme qu'elle utilisait, non sans trahir une sorte de gourmandise, lorsqu'elle s'apprêtait à licencier un journaliste : « Je vais l'opérer », disait-elle. De fait, dès son arrivée à RFI, la reine Christine s'est comportée comme un chirurgien, encore qu'en l'occurrence une métaphore de boucherie serait sans doute plus appropriée. L'« opération » de mon ami Richard Labévière [1] restera, en ce domaine, emblématique.

Le 16 juillet 2008, ce dernier reçoit une lettre de la directrice déléguée de RFI, Geneviève Goëtzinger,

---

1. Avec qui j'ai écrit *Bethléem en Palestine*, publié chez Fayard en 1999.

fraîchement nommée par Christine Ockrent, qui l'accuse d'avoir « gravement menti » à sa hiérarchie. Avant la venue du président syrien à Paris, le 12 juillet 2008, Labévière a réalisé, le 8 juillet, à Damas, une interview de Bachar al-Assad. Cet entretien a été enregistré conjointement pour RFI et TV5Monde, deux médias pour lesquels il travaillait. C'était la première fois depuis six ans que le président syrien recevait un journaliste français. Selon Mme Goëtzinger, « le mensonge est double : Labévière n'a pas averti la direction de RFI suffisamment tôt, et il a effectué l'entretien exclusivement pour TV5Monde, au détriment des intérêts de RFI », affirme-t-elle.

Le voici convoqué, le 23 juillet, pour un entretien préalable au licenciement. Dans un premier temps, Richard Labévière pense qu'il s'agit d'un canular. Mais le délégué syndical CFDT lui indique qu'il convient de prendre très au sérieux cette convocation, en lui proposant même de l'assister.

Engagé à RFI en janvier 2000 par Jean-Paul Cluzel comme rédacteur en chef, responsable du service international, puis éditorialiste international de la « Radio du monde », avant de devenir producteur-présentateur du magazine hebdomadaire « Géopolitiques », Labévière vient de fêter ses cinquante ans, dont trente années de carte de presse. Ancien grand reporter du magazine *Temps présent* de la Télévision suisse romande (TSR), il a commencé dans le métier comme employé local de l'AFP à Lima, au Pérou, avant de couvrir la révolution sandiniste au Nicaragua, de devenir correspondant permanent de la TSR auprès des Nations-Unies, à New York et à Genève, puis de se passionner pour le monde arabo-musulman à partir de 1981. En 1999, soit deux ans avant les attentats du 11 septembre, il sort un livre prémonitoire [1] sur Oussama Ben Laden et les réseaux jihadistes. Ayant publié une quinzaine d'ouvrages, il s'impose comme un spécialiste reconnu des Proche et Moyen-Orient, notamment de la Syrie qu'il couvre depuis le premier sommet Clinton/Assad en 1994, à Genève.

Richard Labévière répond point par point à la lettre préalable au licenciement qu'il a reçue en date du 16 juillet 2008. Il explique notamment que sa hiérarchie était parfaitement informée depuis plus de trois ans de la demande d'interview de Bachar al-Assad. Or, Damas a fixé une condition impérative : l'interview serait bien accordée à Richard Labévière, mais simultanément pour RFI et pour TV5Monde, cette obligation étant confirmée par écrit par la présidence syrienne. Et Labévière de conclure : « Je réitère mon incompréhension à votre réaction et pense avoir res-

---

1. *Les Dollars de la terreur. Les islamistes et les États-Unis*, Grasset, 1999.

pecté les deux premières règles de notre profession
– celle d'avoir un carnet d'adresses et celle de l'excellence, en apportant à RFI une interview exclusive.
Par conséquent, je m'interroge sur la finalité de votre
démarche et crains qu'elle ne s'inscrive dans une tout
autre logique que celle du respect des seules règles
professionnelles. »

Précisons encore que l'interview en question aura
été diffusée, comme prévu, à la fois par TV5Monde
et par RFI, la chaîne de télévision s'assurant toutefois
le premier passage avant de transmettre le son à RFI,
la responsabilité de ces questions de postproduction
incombant exclusivement aux deux directions et non
pas au journaliste incriminé.

Le 23 juillet 2008, Labévière reçoit une nouvelle
lettre de Mme Goëtzinger l'informant qu'elle a néanmoins décidé de poursuivre la procédure de licenciement, en le convoquant à un conseil de discipline censé
se tenir le 6 août. Dans les couloirs de la radio, des syn-
dicalistes surprennent une conversation entre dirigeants de la station : « Il gagnera certainement aux
Prud'hommes, mais ça prendra deux ans, et on fera
appel. En septembre, la page sera tournée. » Ce qui
s'appelle savoir bien « opérer ». Le 5 août, veille de la
tenue du conseil de discipline chargé de se prononcer
sur le fond de la « faute grave », deux délégués syndi-
caux découvrent un projet de lettre destinée au journa-

liste, postdaté du 11 août. On peut y lire : « Celui-ci [le conseil de discipline – *NdA*] s'est réuni le 6 août dernier. Au cours de cette réunion, vous avez pu, assisté de votre conseil, présenter vos moyens de défense. Le conseil de discipline ayant pu rendre son avis, je vous informe que je suis amené à prononcer votre licenciement pour faute grave. » Au bas du projet de lettre figure le nom d'Alain de Pouzilhac, PDG de l'Audiovisuel extérieur de la France. Autant dire que la condamnation a été prononcée avant toute consultation et toute délibération pourtant prévues dûment par la convention collective des journalistes et le droit du travail. Puisque la messe est dite, le conseil refuse de rendre son avis sur le fond. Le 11 août, le licenciement est néanmoins confirmé à l'intéressé par lettre recommandée.

Christine Ockrent et Alain Pouzilhac ne s'arrêtent pas en si bon chemin. Ils déploient la même technique pour virer un deuxième journaliste, Frédéric Domont[1], grand reporter et ancien envoyé spécial permanent de RFI à Beyrouth, autre spécialiste reconnu des Proche et Moyen-Orient. Mais le conseil de discipline donne cette fois un avis défavorable, assimilant clairement l'hypothèse du licenciement de

---

1. Frédéric Domont et Walid Charara, *Le Hezbollah, un mouvement islamo-nationaliste*, Fayard, 2006 ; F. Domont, *Le Général Aoun, une certaine idée du Liban*, Fayard, 2007.

Domont à un abus de pouvoir. Qu'importe ! La nouvelle direction de RFI passe en force et confirme ce licenciement « pour faute grave » !

Puis c'est au tour du documentaliste Hugues Bocquillon, chargé de répondre aux emails des auditeurs, d'être renvoyé dans les mêmes conditions. Sa très grande faute ? Avoir expliqué à ses correspondants que la direction de RFI « ne souhaitait pas s'exprimer sur les licenciements de Labévière et Domont ». À l'un des auditeurs plus loquace que les autres, il a eu le malheur d'ajouter : « Merci pour votre soutien ». Ah, l'impertinent !

Le nettoyage se poursuit à RMC-Moyen-Orient, filiale arabe de RFI (décidément, la région est particulièrement visée !), toujours selon la même méthode. Cette fois, c'est Wahib Abou Wassil, originaire de Palestine, délégué syndical de la CFDT (décidément, le même syndicat que Labévière et Domont !). Ce sera ensuite le tour du directeur général, Philippe Beauvillard, puis du directeur général-adjoint, Mohammad Ben Djabour, de la secrétaire générale Catherine Calvet, et du directeur d'antenne, Daniel Albercini. En attendant d'autres charrettes : dans cette région, on paraît soucieux de ne plus entendre désormais qu'un seul son de cloche.

Quelques journaux réagissent. Dans l'ordre : *Marianne*, *L'Humanité*, *Bakchich*, *Le Canard enchaîné*, *Politis*, *Le Monde diplomatique* et *Afrique-Asie*. Ils sont précédés par la presse libanaise, avec *As-Safir*, et par le quotidien algérien *El Watan*. À l'invitation du président de l'Ordre de la presse du Liban, Mohammad Balbaky, Labévière peut s'exprimer largement devant les journalistes du pays du cèdre, toutes tendances confondues.

L'« hydre à deux têtes » – nouveau sobriquet prêté à Christine Ockrent et Alain Pouzilhac à RFI – ne va pas en rester là. On va aussi « opérer » à France 24. Le directeur de la rédaction, Grégoire Deniau, est vidé, tandis que le rédacteur en chef, Bertrand Coq, est mis à pied. Ce dernier a signé quelques années plus tôt un livre à charge contre Bernard Kouchner[1]. Puis c'est, comme on l'a vu, au tour d'Ulysse Gosset d'être licencié.

Mais il y a en fait plus grave. Mû par le souci d'imposer sa compagne à la tête de l'Audiovisuel extérieur de la France tout en évitant de risquer le moindre conflit d'intérêts, le ministre des Affaires étrangères a décidé d'écarter l'Audiovisuel public international du champ de compétence de son ministère en le faisant rattacher à Matignon et au ministère de la Culture, affaiblissant ainsi sa propre « maison ». Les intérêts du couple Ockrent-Kouchner passent

---

1. Bertrand Coq, *Les Tribulations de Bernard K. en Yougoslavie*, *op. cit.*

avant ceux de l'État et ceux du Quai d'Orsay ; ne parlons même pas de l'intérêt général...

Jusqu'à l'arrivée de Mme Ockrent/Kouchner, RFI dépendait de deux tutelles : celle du Quai, assurant 70 % de son budget, et celle de la rue de Valois, contribuant à hauteur des 30 % restants. Ne s'immisçant pas dans les options éditoriales, les deux ministères, surtout le Quai d'Orsay, ne se manifestaient que dans les cas extrêmes, lorsque des intérêts français étaient directement en cause. Ainsi une cellule de crise du Quai, à laquelle participa RFI, géra les affaires d'otages (Jolo en juillet 2000, Irak en 2004), l'évacuation des ressortissants français de Côte d'Ivoire en 2002, 2003 et 2004. Le reste du temps, la direction de l'Audiovisuel du ministère des Affaires étrangères dont dépendait RFI « foutait une paix royale aux différentes rédactions », précise un ancien directeur de l'antenne Afrique de RFI, « même si plusieurs chefs d'État africains essayaient régulièrement de faire pression sur la rédaction par l'intermédiaire de leur ambassadeur en France... Mais c'était parfaitement gérable, conformément à notre statut de service public. »

L'interventionnisme d'un Bernard Kouchner soucieux de défendre les intérêts de son couple a remis en cause ce délicat édifice. Il a d'abord dessaisi du dossier la direction de l'Audiovisuel au profit de

Serge Telle, son directeur-adjoint de cabinet ; puis il a tout simplement transmis les obligations de tutelle de TV5 et de RFI au ministère de la Culture et à la Direction des mass médias (DDM) relevant des services du Premier ministre. En renonçant ainsi à sa tutelle, le Quai d'Orsay a perdu une enveloppe budgétaire de 150 millions d'euros, a certes évité – tout à fait formellement, bien sûr – les risques de conflit d'intérêts entre Mme Kouchner et son mari, mais le ministre n'a pas hésité, ce faisant, à s'asseoir sur les recommandations du « Livre blanc sur la politique étrangère et européenne de la France[1] », lequel précise que « l'adaptation de l'outil devra se faire en fonction des deux bassins essentiels pour la francophonie que sont l'Afrique et le Maghreb[2] ».

À propos de la tutelle proprement dite, le Livre blanc ajoutait que « le MAEE (ministère des Affaires étrangères et européennes) doit conserver son rôle dans le pilotage stratégique de cette composante essentielle de notre action extérieure. Quel que soit le rattachement budgétaire des finan-

---

1. « La France et l'Europe dans le monde », Livre blanc sur la politique étrangère et européenne de la France, sous la présidence d'Alain Juppé et Louis Schweitzer, 2008-2020.
2. *Cf.* le Livre blanc, le paragraphe intitulé « Audiovisuel extérieur : maintenir l'effort dans le cadre d'une stratégie et d'une structure clarifiées », p. 60.

cements, il faut qu'à tout le moins : il conserve un pouvoir d'orientation en matière de pays, de langues, de publics et d'émetteurs ; il continue de soutenir la présence à l'international des programmes audiovisuels français ; il participe aux arbitrages budgétaires entre les différents moyens de notre influence extérieure, dont l'audiovisuel n'est qu'un aspect ». En abandonnant sa tutelle sur l'Audiovisuel extérieur, le ministre des Affaires étrangères introduit de sa propre initiative une rupture majeure dans son financement, son fonctionnement et ses orientations, tout en affirmant simultanément qu'en définitive, cela ne change rien, parce qu'on fera comme avant ! Alors que les syndicats de journalistes réclamaient des éclaircissements sur ce brutal changement de statut administratif, les tentatives de réponse demeuraient toutes plus emberlificotées les unes que les autres. Consultés presque un à un, les membres du Conseil d'administration de RFI avouaient à la fois leur ignorance et leur impuissance. Aucun d'eux n'avait été consulté ni sur ce changement majeur d'orientation, ni sur le choix de Mme Ockrent/Kouchner pour diriger la maison.

Ce n'est pas tout. Lorsque *Le Canard enchaîné*[1] fit

---

1. Christophe Nobili : « Une blague belge dans la réforme télé », *Le Canard enchaîné* du 30 juillet 2008.

remarquer au président d'AEF, Alain de Pouzilhac, qu'ayant conservé la nationalité belge, Christine Ockrent ne pouvait être nommée à la tête d'une entité publique française, celui-ci eut cette réponse : « On réunira un conseil d'administration pour modifier les statuts. » Ce qui fut fait.

La conclusion provisoire de cette affaire a été fournie par Christine Ockrent elle-même. Alors même qu'elle gagne 40 000 euros bruts par mois comme directrice générale de l'AEF, elle n'a pas su résister à la tentation d'effectuer un nouveau « ménage » qui ne pouvait rester discret[1], puisqu'il s'agissait d'une interview d'Ingrid Bétancourt pour *Paris-Match*, annoncée à la une de l'hebdomadaire. Elle devait primitivement l'interviewer en Colombie, puis leur conversation s'est déroulée à Paris. Elle a exigé 10 000 euros et n'en a obtenu que 6 000. De quoi faire hurler au sein de la rédaction de RFI, comme le rapporte *Libération* : « Et ce, soulignait-on [...] à la rédaction de la radio, alors qu'en août Richard Labévière, rédacteur en chef à RFI, a été licencié pour l'interview du dirigeant syrien Bachar al-Assad. Alain de Pouzilhac s'en est expliqué mercredi dans

---

1. Elle en a fait d'autres, mais plus discrètement. Notamment pour Women's Forum, en interviewant notamment... Ingrid Bétancourt !

Libération[1] : "[...] l'histoire de Richard Labévière n'a rien à voir avec Christine Ockrent. Dans une entreprise il y a des lois et des règles. On ne fait pas croire à la direction de RFI qu'on fait une interview exclusive de Bachar al-Assad pour RFI quant on la fait pour TV5. Mettre ça sur les épaules de Christine, c'est dégueulasse." » Sauf que, on l'a vu, l'entretien en question a bien été diffusée aussi sur RFI. En revanche, Christine Ockrent, directrice générale déléguée de RFI, a le droit, elle, de publier une interview « exclusive » pour le compte de *Paris-Match* sans mentionner son appartenance à RFI. Mais on ne va quand même pas comparer la « Reine Christine », cette grande journaliste d'exception, si professionnelle, libre, indépendante et désintéressée, à un vulgaire reporter de base !

---

1. Le *Libération* du 10 décembre 2008

XI

Weltanschauung

Contrairement à ce que prétend la légende savamment élaborée par ses soins, l'ancien *French doctor* n'est pas l'inventeur de l'« ingérence humanitaire ». Développé à l'origine par l'essayiste Jean-François Revel, la paternité du concept revient conjointement au juriste Mario Bettati et au diplomate Serge Telle.

Appelé en 1988 comme chargé de mission auprès de Bernard Kouchner, alors jeune secrétaire d'État à l'Action humanitaire, Mario Bettati, professeur de droit international reconnu. S'il peut être considéré comme le véritable inventeur de ce nouvel outil de gestion des conflits, la « fabrication » du concept d'ingérence humanitaire s'est en fait effectuée en deux temps : à la fin 1988, à l'Assemblée générale des Nations-Unies, et en avril 1991, au Conseil de sécurité de l'organisation mondiale.

L'alter ego de Mario Bettati, Serge Telle, jeune diplomate en poste à New York à la Mission permanente de la France auprès de l'ONU, est le principal rédacteur de la résolution 43/131, adoptée par l'Assemblée générale le 18 décembre 1988. Intitulé : « Assistance humanitaire aux victimes de catastrophes naturelles ou d'urgence du même ordre », ce texte reconnaît que « le fait de laisser les victimes de catastrophes naturelles et situations d'urgence du même ordre sans assistance humanitaire représente une menace pour la vie humaine et une atteinte à la dignité de l'homme. » L'objet de cette résolution 43/131 concerne principalement le libre accès aux victimes dans des cas-limites, les pays du « Groupe des 77 [1] » refusant toute ingérence politique dans les conflits intérieurs ou extérieurs. Dans l'esprit des représentants à l'ONU, c'est l'urgence qui commande l'intervention et sa rapidité. Ainsi, le document préconise que la communauté internationale puisse « répondre rapidement et efficacement aux appels à l'assistance humanitaire d'urgence lancés notamment par l'intermédiaire

---

1. Le « Groupe des 77 » est une coalition de pays en développement, conçue pour promouvoir les intérêts de ses membres, disposer d'un pouvoir plus important face aux « grands ». Créé par 77 États, le groupe compte actuellement cent trente membres.

du Secrétaire général ». Les Nations-Unies se déclarent convaincues que « ... la rapidité permet d'éviter que le nombre de ces victimes ne s'accroisse tragiquement. »

Ce volontarisme connaît son embellie avec la fin de la guerre froide, ce qui contribue à faire croire – de manière cependant très éphémère – qu'un « nouvel ordre international » est possible et que l'ONU est devenue l'instance légitime susceptible de régler les conflits, les problèmes humanitaires ou relatifs aux droits de la personne qui pourraient constituer une menace pour la paix et la sécurité mondiale.

Euphorisés par cette ambiance de « fin de l'Histoire », Mario Bettati et Serge Telle croient alors dur comme fer – suivis par de nombreux intellectuels occidentaux – que l'heure du droit international a enfin sonné. Sur la base de la résolution 43/131 de l'Assemblée générale et par référence à la situation humanitaire désastreuse des populations kurdes du nord de l'Irak, ils travaillent à un nouveau projet de résolution, soumis cette fois au Conseil de sécurité. Celui-ci adopte ce texte le 6 avril 1991. La résolution 688 condamne le régime de Saddam Hussein et légalise, pour la première fois dans l'histoire des relations internationales, la mise en œuvre opérationnelle du principe d'ingérence humanitaire dans le cadre d'un conflit.

Toujours aussi intuitif, Bernard Kouchner comprend l'occasion qui lui est ainsi offerte d'inscrire le droit d'ingérence dans son œuvre, comme une sorte de conceptualisation de son propre destin de *French doctor*. Opportunément influencé par son proche entourage qui mesure bien l'intérêt médiatique d'une telle consécration, Kouchner n'aura plus de cesse de récupérer pour son propre compte le travail de ses conseillers et de le présenter comme l'aboutissement de son engagement personnel, commencé durant la guerre du Biafra aux côtés des rebelles, à la fin des années 1960. Au risque parfois de froisser quelques susceptibilités, dont celle du professeur Bettati...

Entré en « humanitaire » comme on entre en religion, seuls lui importent les droits de la victime, la morale devant l'emporter en dernière analyse sur les considérations politiques. La fin de la guerre froide accentue ce tropisme : Bernard a choisi le *bon* camp, celui qui a vaincu çà et là la barbarie communiste. De cette victoire sont censées alors découler toutes les mièvreries sur la « fin de l'Histoire » et toutes les simplifications du type « Choc des civilisations ». Influencée par son ami Bernard-Henri Lévy, la vision du monde de Kouchner se schématise à l'extrême : un monde facile à décrypter puisqu'il suffit de départager bons et méchants, bien et mal, civilisation et barbarie, et, finalement, victimes et bourreaux. Une sorte de version sous-titrée de l'idéologie des néoconservateurs américains dont il a épousé les poncifs.

Cette trajectoire allant de l'ingérence humanitaire à l'idéologie néoconservatrice est somme toute cohérente. Mais, avant d'aboutir à la réhabilitation de la politique de la canonnière et aux « guerres humanitaires », elle aura causé pas mal de dégâts dans les rangs des humanitaires eux-mêmes, en dévoyant le sens même de leur action : la nécessité d'accéder aux victimes. Dès lors que les victimes légitiment la guerre, rien n'empêche plus, en effet, d'inventer des victimes aux fins de justifier une agression. Pour Régis Debray, les « Pieds nickelés » de l'Arche de Zoé ne sont que les enfants bâtards des *French doctors* : « L'Arche de Zoé. Calembour ? Non, lapsus de néophyte, au sens propre. Pourquoi se scandaliser devant des nouveaux convertis qui ont mis leurs actes en accord avec nos arrière-pensées ? Le vaisseau qui permet à Noé d'échapper à la sanction divine en recueillant pêle-mêle les enfants du bon Dieu, c'est aussi l'Arche sainte où reposent les Tables de la Loi. *Save* Darfour... N'y a-t-il pas du sauveur dans le sauveteur, du rédempteur dans le secouriste ? L'action humanitaire ne serait pas devenue le point d'honneur et de mire de nos sociétés pourtant peu portées sur l'épopée, si elle n'avait ranimé un vieux fond évangélisateur [1]. »

L'envers de ces bons sentiments mal maîtrisés justifie les interventions militaires en Bosnie, en

---

1. Régis Debray : « Zoé et Zorro, le néo-bon et le néo-con », *Le Monde* du 23 novembre 2007.

Afghanistan, en Irak, en Afrique et ailleurs, instillant ce succédané du colonialisme de papa : ce qu'Hubert Védrine appelle l'« occidentalisme », sentiment d'appartenance à une civilisation commune dont les valeurs ont prouvé leur supériorité. Régis Debray encore : « Nos coloniaux du XIXᵉ avaient parfois et de leur côté une vraie connaissance du terrain. L'altruiste impérial du moment, ou l'expansionniste autocentré, ne prend pas ces gants, et le néo-bon n'a rien à envier, sur ce chapitre, au néo-con, humanitaire botté et casqué mais peu doué pour les langues étrangères. À l'heure où la France célèbre ses retrouvailles avec l'apôtre américain du nouvel évangile monolingue, qui ignore le dissemblable et peut s'imaginer seul au monde parce qu'il a les moyens matériels de son illusion, il n'est pas inutile de redonner à l'exportateur transatlantique du Bien son véritable profil. Le néo-con est tout le contraire d'un cynique : un idéaliste, et même un platonicien. Il va de l'idée au fait. Il juge l'existant, lamentable, à l'aune de la Cité idéale, ouverte et concurrentielle, où les consciences, les Églises et les capitaux ont toute liberté d'agir et d'interagir. Ne supportant pas la distance entre ce qui devrait être et ce qui est, ce généreux comminatoire, mi-prophète mi-urgentiste, entend la combler au plus vite et rendre le monde réel conforme à l'idée[1]. »

---

1. *Ibid.*

C'est au nom de cette idée du bien que Bernard Kouchner déclare tout bonnement la guerre à l'Iran, rien de moins ! Le 16 septembre 2007, invité du Grand Jury RTL/*Le Figaro*, notre ministre parle plus « vrai » que jamais : « *Il faut se préparer au pire* », affirme-t-il en effet en évoquant l'Iran. Interrogé pour savoir ce que cette formule signifie, il répond sans aucune précaution diplomatique : « *C'est la guerre.* » Et le ministre des Affaires étrangères de préciser qu'« *il n'y a pas de plus grande crise* » à l'heure actuelle que celle du programme nucléaire iranien, suspecté de servir de paravent à des activités militaires, malgré les démentis de Téhéran. « Nous n'accepterons pas que cette bombe soit construite », car cela constituerait un « vrai danger pour l'ensemble du monde », martèle-t-il.

Cette sortie rappelle fort l'intervention de Tony Blair à la veille de la deuxième guerre d'Irak lorsque le Premier britannique affirmait que les armes de destruction massive de Saddam Hussein pouvaient menacer la planète entière « en moins de quarante-cinq minutes ». Sur quels éléments, sur quelles expertises se fondaient ces affirmations ? Sur des rapports erronés des services de renseignement de Sa Majesté, confessera, mais un peu tard, l'hôte du 10, Downing Street. Sur quels éléments et sur quelles expertises se fonde Bernard Kouchner ? Principalement sur les notes de « trois mousquetaires de l'Apocalypse », tels que les ont surnommés des officiers généraux du ministère de la Défense. Ce trio se compose d'une pasionaria, d'un moine-soldat et d'un jeunc-turc aux dents longues, tous trois répétant en boucle qu'il convient de faire une guerre préventive à l'Iran pour préserver la paix et la stabilité mondiale.

La pasionaria ? Il s'agit de Thérèse Delpech, chercheur associé au Centre d'études et de recherches internationales (CERI), membre du conseil de direction de l'Institut international d'études stratégiques (IISS), un think tank de recherches géostratégiques basé à Londres, et membre du comité consultatif pour l'Europe de la Rand Corporation, officine des services de renseignement américains. Elle a été invitée au Bilderberg en mai 2005. Elle écrit aussi dans la revue *Politique internationale* de Patrick Wajsman, autre tribune pro-atlantiste.

Le moine-soldat est Bruno Tertrais, maître de recherche à la Fondation pour la recherche stratégique (FRS) et chercheur associé au Centre d'études et de recherches internationales (CERI). Il est aussi membre de l'International Institute for Strategic Studies (IISS) et membre du comité de rédaction des revues *Survival* et *The Washington Quarterly*. Il appartient également à la Commission du Livre blanc sur la défense et la sécurité nationale, et de la

Commission du Livre blanc sur la politique étrangère et européenne.

Enfin, Philippe Errera est le jeune-turc. Il est l'étoile montante des néocons du Quai. Fils de Gérard Errera, actuel secrétaire général du ministère des Affaires étrangères, il fut stagiaire au Département d'État à Washington (1998-1999), puis, de retour à Paris, sous-directeur du désarmement et de la non-prolifération nucléaires (affaires stratégiques, de sécurité et du désarmement, en 2006-2007), et est enfin conseiller au cabinet de Bernard Kouchner depuis mai 2007.

Épaulé par une telle équipe, le ministre est persuadé qu'il évitera les déboires de son vieil ami Tony Blair. D'autant plus qu'avec sa sortie sur l'Iran, il croit coller au plus près de la ligne diplomatique de son nouveau patron élyséen. La preuve ? À la fin août 2007, devant la Conférence des ambassadeurs, Nicolas Sarkozy a tenu un langage très dur à l'égard de Téhéran ; s'écartant résolument des prudences des dirigeants occidentaux et de leurs réticences à évoquer ouvertement la perspective d'un conflit, le président de la République avait mis en garde contre « une alternative catastrophique : la bombe iranienne ou le bombardement de l'Iran ». Outre les conseils éclairés des « mousquetaires de l'Apocalypse », Bernard se sentait donc également « couvert » par l'autorité suprême.

Mais le ministre a dû ultérieurement « préciser » sa pensée stratégique et écarter l'imminence d'un bombardement américain : « Je ne crois pas que nous en soyons là », même s'« il est normal qu'on fasse des plans », ajoutant que Paris plaidait pour que l'Union européenne adopte des sanctions économiques contre Téhéran en dehors du cadre des Nations unies (jusqu'ici respecté). Étrange proposition, compte tenu du précédent irakien, le contournement des Nations-Unies par les États-Unis et leurs plus proches alliés pour déclencher la deuxième guerre d'Irak ayant connu le « succès » que l'on sait !

Si le président Sarkozy cherchait une « rupture », il tenait là une belle occasion de l'extrapoler au plan diplomatique, tant une telle position était contraire aux « fondamentaux » de la diplomatie française, soucieuse au contraire de valoriser le multilatéralisme onusien en optimisant son siège permanent au Conseil de sécurité. En contradiction avec cette posture traditionnelle, et sans même attendre que le Conseil de sécurité se soit à nouveau prononcé, « Paris, ajoute alors le ministre français, a décidé de demander aux grandes entreprises françaises de ne plus investir en Iran, en particulier dans l'important secteur des hydrocarbures. Cette démarche concerne la compagnie pétrolière Total, ainsi que Gaz de France et d'autres ».

L'ultimatum du va-t'en-guerre fait l'effet d'une bombe, non seulement dans certaines chancelleries arabes, mais au sein même de l'Administration américaine qui se trouve vite amenée à calmer le jeu. À Washington, Robert Gates, secrétaire à la Défense, doit « rectifier » le propos kouchnérien en déclarant que la diplomatie reste « pour le moment la meilleure approche » pour traiter avec l'Iran, ajoutant néanmoins que « toutes les options restent ouvertes ». Kouchner, plus atlantiste que les Américains, plus belliqueux que le Pentagone, plus néocons que les néocons ? En réalité, ses propos ne relèvent ni de la gaffe, ni de la provocation, ni même de la tartarinade, ils viennent de fort loin, d'une idéologie cohérente adoptée de longue date et d'une singulière actualité.

« Bernard Kouchner a toujours été fasciné par les États-Unis. Il dit souvent qu'il aurait aimé naître américain », nous confie l'un de ses plus vieux amis. Cette fascination remonte aux années soixante, quand il était à l'Union des étudiants communistes (UEC). Contrairement à ses camarades de l'époque, forcément focalisés sur la brutalité de l'impérialisme occidental, Bernard, lui, louait la fluidité et l'inventivité du « Grand Autre ». Dès la création de MSF, il va entretenir des contacts suivis avec des cadres de l'USAID, l'Agence des États-Unis pour le développement international, partenaire actif des jeunes gouvernements africains depuis leur indépendance. Il en développe aussi, à l'époque, avec plusieurs analystes de la RAND, centre de recherche des services de renseignement américains. « Du militant d'ONG au ministre d'aujourd'hui, cet attachement admiratif ne s'est jamais démenti, et c'est cette invariabilité proatlantique qui le rattache organiquement au président de la République », explique, « off », le porte-parole du Quai, Éric Chevallier, à l'issue d'un point presse, au lendemain de l'élection de Barack Obama à la Maison Blanche.

Le discours prononcé par Bernard Kouchner à Washington, le 12 novembre 2008, à la Brooking's Institution, centre d'études proche des démocrates[1], permet de mieux comprendre ce tropisme qui vient de loin. Introduction obligée sur les attentats du 11 septembre 2001 : « En Europe, nous étions tous américains, comme je l'ai écrit[2] dans le quotidien français *Le Monde* », dit-il avant de développer un thème qui lui est cher, celui de la relation atlantique : « Le partenariat transatlantique est fermement ancré

---

1. « Relations États-Unis/Europe : boîte à outils pour une ère nouvelle. »

2. Bernard Kouchner semble ainsi contester la paternité de cette expression à Jean-Marie Colombani qui en fit le titre de son éditorial du *Monde* dans la première édition qui suivit les attentats contre les Twin Towers.

dans notre histoire commune. Il contribue à défendre notre sécurité commune, à soutenir nos valeurs communes, à maintenir nos intérêts communs. » Et, toujours au nom de la conviction, centrale chez les néocons, de la supériorité de l'Occident sur le reste du monde, que Hubert Védrine appelle l'« occidentalisme[1] », le ministre des Affaires étrangères poursuit : « Aujourd'hui, notre ambition pour l'avenir est de renforcer les liens du partenariat transatlantique et de les renforcer non pas contre le reste du monde, mais avec lui. » L'antienne est bien connue. C'est en effet toujours de cette façon que les néo-cons justifient leurs visées hégémoniques. D'où les quatre défis fixés par Bernard Kouchner. Le premier est de « réinventer un multilatéralisme efficace », c'est-à-dire au service de l'Occident. Deuxième pari : ce « multilatéralisme efficace » doit canaliser les vieilles ambitions de la Russie qui revient en puissance : « Pendant la crise géorgienne, notre capacité à réagir rapidement et à rester unis, tant entre Européens qu'au sein de l'Alliance, s'est révélée un atout majeur. Nous devons faire tout notre possible pour continuer ainsi ». Troi-

---

1. Concept notamment développé dans son *Rapport pour le Président de la République sur la France et la mondialisation*, Fayard, octobre 2007 ; et dans *Continuer l'Histoire*, avec la collaboration de Adrien Abécassis et Mohamed Bouabdallah, Fayard, janvier 2007.

sième pari : contribuer à la surveillance de l'Afghanistan et du Pakistan où se joue l'avenir de la « guerre
contre le terrorisme ». Bernard Kouchner reprend là
les fondements de la politique américaine sans rappeler les restrictions françaises de rigueur pourtant clairement reformulées tant dans le Livre blanc sur la
défense et la sécurité que dans celui consacré à la
politique étrangère de la France.

N'oublions pas, enfin, un quatrième défi, concernant le Proche-Orient, qui mérite une attention toute
spéciale : Bernard Kouchner se permet de faire la
leçon à Barack Obama qu'il suspecte de vouloir
ouvrir un dialogue avec Téhéran. Heureusement,
notre ministre veille au grain : « Aujourd'hui, les
États-Unis disposent d'une carte maîtresse : la possibilité d'un dialogue qui ouvrirait la perspective d'une
normalisation. Tout dépend du moment et de la façon
dont cette carte est jouée. Washington peut soit aider
à sortir de l'impasse actuelle, soit ruiner l'"approche
duale" en convainquant une fois pour toutes le régime
iranien que sa position de force, telle qu'il la perçoit,
lui permet de continuer à gagner du temps [...]. L'Europe et la France n'ont jamais dit qu'il ne devait pas
y avoir de dialogue avec l'Iran. Mais ce dialogue doit
avoir un sens [...]. La nouvelle administration voudra
revoir cette question dans son ensemble. C'est normal, étant donné son importance. Je sais que les Européens sont souvent vus comme des "donneurs de

leçons". Mais les enjeux sont trop grands pour ignorer ce que nous avons à dire. »

Autrement dit, Bernard Kouchner – qui n'a pas oublié que, lors de sa première visite ministérielle à Washington (19, 20 et 21 septembre 2007), il s'était fait copieusement hué par des pacifistes américains pour avoir évoqué le scénario du « pire » avec l'Iran – entend enfoncer le clou, soulignant qu'aujourd'hui, Européens (Français, en tout cas !) et Américains ne partagent pas vraiment la même approche du dossier iranien. Après avoir essayé à de nombreuses reprises [1] de convaincre l'administration Bush de tenter d'ouvrir un dialogue avec l'Iran, ce sont à présent les autorités françaises qui prétendent attirer l'attention de Washington sur les dangers d'un tel dialogue ! Kouchner et Sarkozy « redoutent que, sur les dossiers du règlement des conflits irakien et afghan dans lesquels l'Iran dispose de cartes maîtresses, Barack Obama lâche trop sur le nucléaire », estime un conseiller de l'Élysée. La France et l'Europe verraient d'un mauvais œil de se trouver ainsi exclus du jeu persan au profit des Américains qui en tireraient tous les bénéfices politiques et économiques.

Commentaire acide de Hubert Védrine, le lendemain : « Cela m'a fait rire de lire que Bernard Kouchner était allé faire une conférence à Washington pour

---

1. Notamment sous Dominique de Villepin, puis Philippe Douste-Blazy.

mettre en garde les États-Unis contre le risque de parler à l'Iran. Il ne faudrait pas qu'on soit les derniers néoconservateurs du système ! Il faudrait peut-être se projeter dans une autre politique : parler à l'Iran n'est pas plus absurde que de parler à l'URSS à l'époque où celle-ci menaçait l'Occident de l'annihiler[1]. »

Bernard Kouchner plus américain que les Américains... C'est en effet ce que peuvent constater les gardes de sécurité qui l'accompagnent dans la « zone verte » de Bagdad, le 20 juin 2007. Ce voyage est la première prise de contact entre le gouvernement français et le régime irakien mis en place après l'invasion américaine. La scène se passe de bon matin au bord du Tigre. Sans sirène ni klaxon, un convoi de Humvees se fraie un chemin à travers les chicanes de béton d'un quartier résidentiel. Parvenu devant la villa qui sert de résidence officielle à Jalal Talabani, président (kurde) de l'Irak, un militaire svelte, au visage volontaire, dont le treillis arbore les quatre étoiles de général d'armée, s'extrait d'une Jeep. Un mois plus tôt, il a été désigné pour devenir le nouveau Centcom, c'est-à-dire le commandant en chef de toutes les forces américaines au Proche-Orient. David Petraeus est venu saluer le ministre français des Affaires étrangères en visite officielle. Pour la France,

---

1. Hubert Védrine à « Parlons Net » sur France Info, le 14 novembre 2008.

il n'a que des mots aimables. Devant Kouchner, il explique que son rêve serait d'avoir des officiers américains aussi compétents, aussi familiers de l'environnement humain dans lequel ils sont appelés à servir que les *French doctors* de MSF. Comme toujours dans ces cas-là, Bernard Kouchner bombe le torse et surenchérit. Si bien que l'autre finit par lui lancer : « J'aimerais que vous fassiez partie de mon état-major ! » Et notre ministre de la République de répondre au premier degré : « Un jour, ce genre de collaboration sera possible[1]. » Puis le ministre enchaîne en déclarant que la France doit jouer un rôle particulier dans la région, étant entendu que « les États-Unis ne peuvent assumer seuls le fardeau de la stabilisation », et que « l'Europe et l'ONU doivent aider davantage les troupes américaines en Irak ». Il se lance ensuite dans un parallèle hasardeux entre l'Irak et le Kosovo sous tutelle de l'Otan depuis 1999. Façon de parler de lui-même, puisqu'il y a exercé les fonctions de chef de l'administration intérimaire de juillet 1999 à janvier 2001. C'est à ce poste qu'il a

---

1. Noël Mamère, député des Verts, affirmait sur RTL, le mardi 21 août, à propos de la visite de Bernard Kouchner en Irak, que « la France se comporte comme un petit caniche » à l'égard des États-Unis. « L'arrivée de Bernard Kouchner à Bagdad, si peu de temps après la rencontre entre Bush et Sarkozy, est un signe envoyé aux États-Unis, qui est le signe de la soumission. »

supervisé le démantèlement des institutions de l'ex-Yougoslavie et leur remplacement par l'Armée de libération du Kosovo, tout en n'intervenant pas vigoureusement contre diverses opérations d'épuration ethnique visant à détruire les derniers villages serbes[1]. Imposé à ce poste par Washington malgré l'avis du secrétaire général de l'ONU, Kofi Annan, Kouchner, on l'a vu, a été l'un des principaux agents de la marche forcée du Kosovo à l'indépendance – proclamée unilatéralement et sans approbation des Nations-Unies le 18 février 2008 –, dont la France aura été l'un des premiers pays à saluer l'avènement.

Dès le lendemain, Kouchner aura d'ailleurs publié sur ce thème une tribune dans le *Figaro*[2] : « Indépendance : le joli mot. Le Kosovo est désormais un État indépendant. Et la France lui souhaite la bienvenue dans la communauté internationale [...]. Ce dimanche a donc vu la naissance d'un nouvel État sur le sol de l'Europe. C'est le dernier soubresaut d'une fédération yougoslave qui avait su faire cohabiter ses peuples. C'est un succès pour la communauté internationale, et c'est un grand succès pour l'Europe. »

Quel succès au juste ? Celui de la création *ex nihilo* d'un micro-État de 2,5 millions d'habitants vivant

---

1. Voir chapitre VII.
2. Le 19 février 2008.

sous perfusion des subventions européennes et sous surveillance d'une puissante mafia locale ? Cette nouvelle charge pour le budget européen, doublée d'une nouvelle fragmentation territoriale sur son flanc sud, un « succès pour l'Europe » et la France ? Il serait plus juste d'évoquer une réussite de la diplomatie américaine : diviser pour régner en favorisant, partout dans le monde, la multiplication de micro-États plus ou moins soumis à sa tutelle ; fragmenter les territoires et les État-nations encore debout, émietter géopolitiquement leurs zones d'influence en retribalisant leurs populations – voilà d'ailleurs ce que les stratèges américains ont parfaitement réussi au Proche-Orient, en commençant par l'Irak et la Palestine. Bernard Kouchner se trouve là encore en parfaite harmonie avec cette ligne.

Avant sa prise officielle de fonctions au Quai d'Orsay, le 18 mai 2007, Kouchner et les kouchnériens historiques qui fonctionnent en *shadow cabinet* ont deux missions à accomplir : expliquer et justifier la « trahison », le ralliement à Nicolas Sarkozy ; et former une équipe de conseillers sûrs, dévoués, admiratifs du chef. « Comme les loups, les kouchnériens vont en meute, mûs par une faim commune : profiter des attributs du pouvoir », explique un *repenti* ; « un peu comme dans les sectes, ils doivent faire preuve de fidélité et de vénération envers leur gourou ».

La première mission est surtout dévolue à Christine Ockrent, compagne des épreuves difficiles. La journaliste multiplie dîners en ville et visites aux rédacteurs en chef parisiens pour faire passer un double message. En substance : « Les socialistes sont nuls et Bernard doit agir, parce qu'il ne peut plus demeurer inerte. Son action est nécessaire. La France, mais surtout l'humanité ont besoin de lui. » À voir le peu de remous suscités par le ralliement de son mari au sarkozysme triomphant, il faut bien reconnaître à la Reine Christine de sérieuses capacités d'attachée de presse. Surtout quand il s'agit de promouvoir la « PME familiale ».

Le journaliste Michel-Antoine Burnier, compagnon de tous les virages, du communisme au gauchisme, du gauchisme à l'humanitaire, de l'humanitaire à la « gauche américaine », de la gauche américaine à la droite néocons, met en forme une courte tribune, « Pourquoi j'ai accepté », signée de Bernard Kouchner pour l'édition du *Monde* datée du 20 mai 2007 : « Je sais que certains de mes amis me reprochent ce nouvel engagement. À ceux-là je réclame crédit : mes idées et ma volonté restent les mêmes. S'ils me prennent un jour en flagrant délit de renoncement, je leur demande de me réveiller. » Beau comme le chant du corbeau dans la campagne ardennaise...

Sur le Proche-Orient en général et le conflit

israélo-palestinien en particulier, le nouveau ministre observe une prudence de sioux, tout au moins en façade. Faisant souvent état de sa judéité, en privé et en public, il sait fort bien qu'on l'attend sur cet épineux dossier. Aussi observe-t-il un strict équilibre formel et plus ou moins conforme aux tendances lourdes de la diplomatie française : la création d'un État palestinien est nécessaire à la sécurité et à la stabilité d'Israël. La Chambre de commerce France/Israël commente son arrivée au Quai en ces termes : « Très peu de personnes le savent. L'Université hébraïque de Jérusalem avait célébré son 80e anniversaire et son Centenaire de "l'Année miraculeuse" d'Albert Einstein en 2005, et c'est à l'occasion de l'Assemblée des gouverneurs (8 juin 2005) que Bernard Kouchner avait reçu le titre de Docteur *honoris causa* de l'UHJ. Bernard Kouchner avait donné une conférence exceptionnelle sur le thème de "L'Antisémitisme". Sentinelle de la lutte pour les droits de l'homme, la nomination de Bernard Kouchner comme ministre des Affaires étrangères, ce jour, est vue de manière positive à Jérusalem (qui était choqué à la pensée que Hubert Védrine pouvait obtenir le poste de ministre des Affaires étrangères)... »

Il arrive à Kouchner de transgresser les règles de prudence qu'il s'est fixées, notamment quand il retrouve sa vieille amie Tzipi Livni, son homologue israélienne. Ainsi, le 17 septembre 2007, lors d'une conférence de presse tenue avec elle, un journaliste israélien l'interroge sur une plainte que Damas vient d'adresser à Tel-Aviv après un raid d'avions israéliens effectué quelques jours plus tôt dans l'espace aérien syrien. Le correspondant de l'agence américaine Associated Press (AP) raconte qu'il a vu Tzipi Livni griffonner un message puis le tendre au ministre français, ce dernier déclarant après l'avoir lu : « Je ne suis pas au courant de cette affaire. » Or il s'agissait là bien entendu d'un mensonge. La Syrie avait publiquement accusé Israël, depuis plusieurs jours, d'avoir violé son espace aérien. La version de Damas était que les avions de chasse israéliens avaient pénétré dans le ciel syrien après avoir survolé la Turquie, et qu'ils avaient rebroussé chemin après s'être heurtés à des tirs de batteries anti-aériennes. La Turquie avait confirmé qu'il s'était à tout le moins « passé quelque chose », après avoir découvert sur son sol des réservoirs de carburant vides provenant de chasseurs israéliens, et demandé publiquement des « explications » à l'État hébreu. Celui-ci ne démentait pas l'opération, tout en organisant des fuites faisant état d'un raid « réussi » contre des cibles militaires en Syrie, notamment des matériels nucléaires stockés par la Corée du Nord ainsi qu'un convoi d'armes iraniennes destinées au Hezbollah libanais. Choqué par la réponse de Kouchner, l'un de ses accompagnateurs osa lui faire remarquer que, sur ce sujet, « la France disposait d'un langage officiel plus élaboré ». Réponse cinglante et sans appel du ministre : « Arrêtez de m'emmerder, Tzipi est une copine ! »

Bernard Kouchner se dépense sans compter pour imposer un poste de secrétaire général-adjoint israélien au staff de l'Union pour la Méditerranée (UPM). Autre cheval de bataille du ministre : le renforcement des liens entre l'Union européenne et Israël, qui a conduit Bernard Ravenel (président de l'Association France-Palestine-Solidarité) à écrire une lettre ouverte au président de la République en date du 10 décembre 2008 : « Nous apprenons avec émotion et colère que, sur proposition, ce lundi 9 décembre, de Bernard Kouchner, ministre des Affaires étrangères français, et alors que la France assure la présidence tournante de l'Union européenne, l'UE a décidé d'intensifier ses relations avec Israël et de donner ainsi des gages supplémentaires à l'intensification de l'occupation, du siège imposé à la population de la bande de Gaza, de la colonisation de la Cisjordanie et de Jérusalem, qui vise à rendre caduc tout projet d'établissement d'un État palestinien dans les frontières de 1967. »

« Cette coopération renforcée entre l'UE et l'État hébreu doit se traduire, entre autres, par "la possibilité

d'inviter Israël à participer aux missions civiles"
menées dans le cadre de la politique européenne de
défense et de sécurité, et d'engager avec Tel-Aviv,
"au moins une fois par an", un dialogue informel sur
les questions stratégiques. Ce renforcement des relations concerne tous les domaines : politique, écono-
mique, scientifique, sécuritaire. On comprend que la
ministre israélienne des Affaires étrangères ait qualifié cette annonce de "succès significatif pour la diplomatie israélienne, qui ouvre une nouvelle page" dans
les relations avec l'UE, et ce, alors même que son
gouvernement profite des derniers jours de l'administration Bush pour organiser l'impasse du processus
de paix. On comprend aussi la "profonde inquiétude"
manifestée à ce propos par les Palestiniens : "L'UE
est un groupement fondé sur des valeurs et des idéaux
incompatibles avec les violations du droit international et des droits humains commis par Israël", a
déclaré Salam Fayyad, Premier ministre de l'Autorité
palestinienne depuis le 15 juin 2007. Le processus
politique dans lequel l'UE souhaite être un acteur clé
a pour objectif la création d'un État palestinien.
Comment un tel État peut-il voir le jour avec la pour-
suite de la colonisation ? »

La décision adoptée par les ministres des Affaires
étrangères européens, sur proposition de Bernard
Kouchner, ne constitue pas seulement un déni de

justice et une prime à l'impunité, c'est aussi un message clair adressé au gouvernement israélien, message selon lequel poursuivre la violation de ses engagements et du droit international ne constitue pas une entrave à son rapprochement toujours plus poussé avec l'UE.

Bernard Kouchner – ils s'en vantent volontiers l'un et l'autre – n'entreprend rien d'important qui n'ait la caution « intellectuelle » de son ami Bernard-Henri Lévy. Cette complicité, qu'il entretient aussi avec André Glucksmann, remonte – on y a déjà fait allusion – à l'*Île-de-Lumière*, l'un des grands faits d'armes kouchnériens, qui marqua une nette gradation de son tropisme atlantiste.

Début 2003, les États-Unis veulent intervenir en Irak pour renverser le régime de Saddam Hussein qu'ils soupçonnent de détenir des armes de destruction massive. Jacques Chirac et Dominique de Villepin s'engagent en première ligne contre l'éventualité d'une nouvelle guerre occidentale au Proche-Orient, tandis que Bernard Kouchner, lui, s'interroge... Durant cette période, il appelle Bernard-Henri Lévy presque tous les jours. « Bernard-Henri Lévy, c'est ma conscience ! » répète-t-il souvent avec grand sérieux. Il est vrai que BHL peut être considéré comme un expert : existe-t-il une seule guerre sur laquelle il ne se soit pas prononcé ou plutôt indigné ?

Du Sri Lanka à la Colombie en passant par le Sud-Soudan, Bernard-Henri a toujours souhaité enrichir sa biographie d'une visite, si possible réputée un peu « risquée », sur les lieux où pleuvent les balles, où les morts sont vraiment morts et restent à terre après le panoramique de la caméra. Sur l'intervention américaine en Irak, il est prudent : « Ni Saddam, ni la guerre », telle est l'option quelque peu « ficelle » qu'il souffle à son ami, plus favorable pour sa part à l'intervention américaine. Mais Kouchner se range à l'option BHL pour ne pas insulter l'avenir. Même si, après avoir signé un article en ce sens, il infléchit à de nombreuses reprises ladite position pour manifester son complet soutien à la politique de George Bush[1].

Les deux Bernard partagent les mêmes vertiges américanolâtres. Cette attitude s'explique-t-elle par

---

1. Ainsi dans le *Diplomatic News* d'avril-juin 2003, titré, en une, « L'erreur de la France », Kouchner critique les médias qui ont couvert la guerre : « Donc, beaucoup de médias se sont beaucoup trompés dans cette guerre. Ils n'ont pas d'expérience, ils ne consultent pas assez de documentation, ils pensent qu'on gagne une guerre sans morts, ou pensent que ça va aller très vite. » Puis il s'en prend à l'opinion européenne qui ne comprend vraiment rien : « Il faut que l'opinion européenne qui a défilé pour la paix comprenne qu'elle a été trompée, qu'elle comprenne que les Irakiens souffraient d'une dictature monstrueuse. »

leur commune vision de la France, cette vision dont la « conscience » de Kouchner a tiré un fameux essai, *L'Idéologie française*[1] ? De quoi s'agissait-il ? Tout simplement d'intenter un procès à la France, entité, pour Bernard-Henri Lévy, monolithique et indivisible, par essence pétainiste et qui aurait même été le lieu de naissance de tous les grands fascismes européens des années trente[2]. Un tel raccourci a beau laisser rêveur, c'est à ce prix que Bernard-Henri Lévy prétend nous révéler l'ultime vérité sur l'inconscient collectif de cette France nauséeuse (« moisie », renchérira l'ami Philippe Sollers) qui ne cesse de hanter notre mémoire collective et nos pratiques politiques. Point de quartier : ici, c'est la France, dans une unité miraculeusement retrouvée sous la plume du « philosophe », qui se retrouve clouée au pilori des grands ratages de l'Histoire : « J'habite un pays étrange, extraordinairement mal connu, ceint d'une haute muraille de brume, de fables et de mirages. J'y suis, nous y sommes tous, comme d'irréels rôdeurs, d'improbables

---

1. Grasset, 1981.
2. Paul Thibaud a publié dans la revue *Esprit* une réfutation très argumentée de ce best-seller : « L'idéologie française ? Réponse à Bernard-Henri Lévy », *Esprit*, 1981 ; voir aussi le chapitre « L'invention de la gauche folle », in Philippe Cohen, *BHL*, Fayard, 2004 ; et : Bruno Jeanmart et Richard Labévière, *Bernard-Henri Lévy ou la règle du Je*, Le Temps des cerises, 2006.

vagabonds déambulant à l'aveugle dans une mémoire ruinée, semée d'obscurité et de mystérieuses plages de silence. Je parle pourtant, on y parle même à tous vents, mais dans une langue opaque, langue de bois, langue de pierre, langue de bouches closes et d'oublieuses têtes qu'on dirait occupées à tisser d'épais voiles de bruit et de sonores illusions. Cette langue voilée, c'est celle de notre culture. Cette mémoire en loques, c'est celle de notre Histoire. Et ce pays étrange, lointain, mal connu, dernier lieu d'exotisme, et tout cerné de brumes, c'est en un mot la France[1]... »

Derrière la thèse visant à accréditer l'idée que toute la France se serait retrouvée derrière Pétain et sa révolution nationale, Lévy attaque l'indépendance du pays et ses velléités d'appartenance à une Europe politique qui affirmerait clairement son autonomie vis-à-vis des États-Unis d'Amérique. En définitive, ce qu'il ne cesse d'exprimer et de partager avec l'autre Bernard, c'est bel et bien la haine du gaullisme et de la philosophie politique qu'il sous-tend : les valeurs de la Révolution française, de la Convention au Conseil national de la Résistance ; celles d'une indépendance nationale honnie au nom d'un cosmopolitisme anglo-saxon, droit-de-l'hommiste et néolibéral, fondements de l'idéologie néoconservatrice que nos

---

1. *Ibid.*

« nouveaux philosophes » ont fini par rallier. Objet d'une telle détestation, notre pays ne mérite plus, du coup, d'avoir une diplomatie ni une défense autonomes et souveraines. D'après cette « contre-idée de la France », notre vieux pays peut fort bien se passer d'un ministère des Affaires étrangères fort et indépendant, puisqu'il s'agit de suivre fidèlement les grandes impulsions venues de Washington. C'est plus simple et ça coûte bien moins cher. Le Quai d'Orsay n'a désormais plus grande utilité.

Voilà pourquoi Bernard Kouchner s'est engagé dans une véritable braderie des outils d'influence et d'indépendance de la France, en commençant par le démantèlement du Quai. Le ministre et ses néocons ont pris la responsabilité historique de casser le ministère, notamment en démembrant son réseau culturel et de coopération. Dans un rapport présenté le 3 décembre 2008 par le sénateur Adrien Gouteyron (UMP) sur le budget 2009-2011 des Affaires étrangères, on apprend que les chefs de poste à l'étranger (les ambassadeurs), en proie à un véritable « choc culturel », bloqueraient la réforme du Quai, refusant de se résoudre à l'amputation de leurs moyens et prérogatives... À leur décharge, aucune indication précise ne leur a été communiquée : « Les télégrammes adressés aux postes ne fixent aucun objectif chiffré de réductions d'effectifs », affirme le document, alors que Bercy réclame pour sa part la suppression de sept cents emplois à temps plein sur trois ans !

Sur le front de l'action culturelle et de coopération, dite « diplomatie d'influence », la casse s'annonce encore plus radicale. La France, qui a quasiment inventé le concept de « diplomatie culturelle » dès la fin du XIXe siècle, y renonce subrepticement dans un contexte de mondialisation accélérée, au moment précis où la Chine multiplie ses « instituts Confucius » partout dans le monde, tandis que l'Allemagne et l'Espagne font de même avec leurs instituts « Goethe » et « Cervantès ». Au nom du *soft-power* et de la *Public Diplomacy*, les pays anglo-saxons et ceux d'Europe du Nord augmentent eux aussi leurs budgets d'intervention culturelle et de coopération afin de renforcer leurs partenariats scientifiques, universitaires et linguistiques, vitaux pour la lutte d'influence, caractéristique majeure de la globalisation en cours. C'est au rebours de cette tendance évidente que le ministre français des Affaires étrangères supprime carrément la Direction générale de la Coopération internationale et du développement (DGCID) !

Ainsi récupérée, la cagnotte de la DGCID – la plus importante du Quai – servira de variable d'ajustement à un budget général en régression de 15 à 30 %, voire de 40 % pour certaines rubriques. « Un bon ministre se bat d'abord pour défendre, sinon pour faire augmenter son budget », commente l'un des grands ambassadeurs de France en se demandant, quelque peu dépité : « Comment se fait-il que Mme Albanel réussisse à stabiliser le sien alors que celui du Quai est victime de coupes sombres menaçant jusqu'à son existence même ? »

La réponse est triple, précise l'un des diplomates qui fut longtemps chargé de l'inspection des postes : « Premier constat : le Quai d'Orsay ne s'occupe plus de la politique étrangère de la France, qui se décide et se gère à l'Élysée. Deuxième constat : ces questions triviales d'intendance et de management n'intéressent ni le ministre, ni son cabinet, et encore moins le secrétaire général du Quai. Le troisième constat implique la personnalité même du ministre, qui n'aime pas les diplomates – c'est maintenant connu – et se fiche pas mal de ceux qui se battent tous les jours sur le terrain ! Il n'arrête pas de clamer haut et fort dans les dîners en ville que ces coupes sont tout à fait normales, le Quai devant prendre toute sa part dans l'allègement de la dette extérieure de la France. »

Voilà la vraie « rupture » version Kouchner ! Le réseau des quelque 7 000 attachés culturels et de coopération, les programmes audiovisuels, les équipes de coopération scientifique, technique, universitaire et linguistique : à la poubelle ! Voilà la vraie réforme en actes du Quai d'Orsay qui, pendant un certain temps, tentera de prolonger la fiction d'un réseau diplomatique qualifié d'« universel ». Passé maître dans le maniement de la « novlangue » digne des héros d'Orwell, qui fait dire aux mots le contraire de leur signification réelle, Bernard Kouchner pense calmer les inquiétudes en expliquant (sans rire) aux ambassadeurs : « Nous avons besoin d'instruments efficaces pour défendre nos valeurs et nos intérêts. C'est pourquoi nous renforçons la capacité d'expertise du Quai d'Orsay sur tous les grands défis de la mondialisation[1] ». « Toujours débordant d'imagination et plein d'énergie pour mettre des faux-nez au réel et y faire passer les vessies pour des lanternes ! Le pire, c'est qu'il est persuadé que ça marche, parce qu'il est aussi persuadé qu'il est resté l'excellent communiquant des temps révolus de MSF. Comme ministre, il aurait dû se rendre compte que le monde a changé... », ironise un ancien directeur général de l'administration centrale du ministère.

Encore plus courroucé que ses collègues, un autre ambassadeur, chef de poste de la troisième catégorie « à présence diplomatique », et qui ne disposera plus de personnels culturels et de coopération, se demande ce qu'il pourra faire désormais face à ses interlo-

---

1. Bernard Kouchner : « Ambassadeurs, gardez la tête haute ! », *Le Figaro* du 9 décembre 2008.

cuteurs : « Leur distribuer le discours de Sarkozy à Dakar ou quelque livre puissant de notre patrimoine intellectuel, tel *Les Sept Vies de Bernard Kouchner* ? » Très en colère lui aussi, le sociologue Dominique Wolton signe un « coup de gueule » dans *Le Nouvel Observateur*[1] : « La France brade son réseau culturel à l'étranger. »

La casse du Quai ne s'arrête pas là. En effet, le jour même du soixantième anniversaire de la Déclaration universelle des droits de l'homme, Bernard Kouchner s'en prend – « sans langue de bois », autrement dit : en disant le contraire de ce qu'il déclarait jusque là – à Rama Yade dans *Le Parisien*[2] : « Je pense que j'ai eu tort de demander un secrétariat d'État aux Droits de l'homme. C'est une erreur. Car il y a contradiction permanente entre les droits de l'homme et la politique étrangère d'un État, même en France. Cette contradiction peut être féconde, mais fallait-il lui donner un caractère gouvernemental en créant ce secrétariat d'État ? Je ne le crois plus, et c'est une erreur de ma part de l'avoir proposé au Président. » Persuadé que les jours de Rama Yade au gouvernement sont comptés, Kouchner hurle avec les loups, en phase, croit-il, avec l'humeur de la cour... Le soir même, lors de la réception donnée pour ce 60ᵉ anniversaire

---

1. *Le Nouvel Observateur*, 11-18 décembre 2008.
2. *Le Parisien* du mercredi 10 décembre 2008.

au Trocadéro, il ne fait qu'une brève apparition crispée aux côtés de sa secrétaire d'État, avant de déguerpir piteusement, laissant coi un parterre de chefs de gouvernement et de délégations étrangères venus aux frais du contribuable français commémorer dignement un texte dont notre pays ne cesse de revendiquer la double paternité : celle, lointaine, de la Révolution française, et celle du Prix Nobel de la paix René Cassin pour ce qui est du texte même de la Déclaration. Les couloirs de la réunion commémorative bruissent de propos vénéneux à l'encontre du ministre des Affaires étrangères.

Cette attaque visant Rama Yade est on ne peut plus éclairante sur la personnalité de son auteur. Particulièrement inélégante, elle révèle surtout le double langage d'un homme qui a bâti toute sa carrière et sa popularité sur la notion de primauté de la morale sur la politique, et des droits de l'homme sur la raison d'État. Et voici qu'en quelques mots il s'affiche à présent sans complexe comme un adepte de la *realpolitik* qu'il n'a cessé officiellement de combattre toute sa vie – une *realpolitik* qui instrumentalise les droits de l'homme pour les besoins de sa cause, comme fait Washington[1].

---

1. Pour la première fois depuis longtemps, la cote de popularité du ministre a perdu dix points après sa saillie contre Rama Yade. Comme s'il avait en quelques mots commencé à

Dans cette approche cynique, l'ex-fondateur de Médecin sans frontières ne tient pas à être *emmerdé* par une voix libre s'exprimant sur les droits de l'homme. Au demeurant, il ne veut être *emmerdé* par personne, surtout pas par les journalistes. Le « stalinisme affectif » dont parle si bien Rony Brauman pour qualifier sa psychologie donne sa pleine mesure dans les rapports complexes qu'il entretient avec les gens des médias. Cette dialectique « amour/haine » peut se décomposer en trois phases successives : amour fou, besoin, allergie.

Phase 1 : L'amour fou. Il s'exprime surtout pendant la période *French doctor*. Bernard aspire à témoigner et à « médiatiser » toute la misère du monde, ou plutôt son ego surdimensionné plongé dans la misère du monde, en se mettant lui-même en scène. Il faut dire qu'il a du métier : il a déjà œuvré comme journaliste et communicant, via *Clarté*, *L'Événement* et surtout *Actuel* pour qui il a beaucoup pigé grâce à son complice Michel-Antoine Burnier. Un « suceur de micro », un « pro » qui peut faire, à la demande, un face-caméra de 45 secondes, en direct ou en différé, pour l'ouverture du 20 heures. La pointe himalayenne de cette phase est, bien sûr, l'épisode du

---

dessiller les yeux de son « public » sur la réalité de ses convictions.

sac de riz, en 1992, sur les plages de Mogadiscio, dans une Somalie affamée et en guerre. Marie Etchegoin raconte[1] : « Ce jour-là, il est à Mogadiscio. Il attend le cargo qui doit débarquer les tonnes de riz collectées par les écoliers français. "Tout d'un coup, se souvient Françoise Monard, sa directrice de communication, je l'ai vu se précipiter dans l'eau et porter un sac jusqu'à la grève. Il était heureux comme un gosse. Il voulait montrer aux enfants de France que leur riz était enfin arrivé." Évidemment, photographes et cameramen en redemandent : "Bernard, il faut refaire la prise !" » Et « Bernard », grisé, de s'exécuter à plusieurs reprises. « Les membres de son cabinet lui ont fait la gueule, raconte Françoise Monard. Furieux de son cabotinage, mais indulgents aussi, car, dit-elle, même quand la télé n'est pas là, Bernard met la main à la pâte. »

À cette époque, Bernard Kouchner sait tout ce qu'il doit aux médias qui adorent l'humanitaire, ses ONG, ses bons sentiments. Sa propre conception du monde s'inscrit bien dans le moule binaire et succinct de la communication télévisuelle, car il ne s'embarrasse pas de nuances : les bons d'un côté, les méchants de l'autre, les bourreaux ici, les victimes là, avec de l'émotion, beaucoup d'émotion !

---

1. « Enquête sur un homme inclassable : l'énigme Kouchner », *Le Nouvel Observateur*, n° 2059, 22 avril 2004.

Même si, aujourd'hui, on l'a vu, le simple fait d'évoquer cette période et surtout l'épisode du « sac de riz » lui fait péter les plombs[1]...

Phase 2 : le besoin. C'est en 1981, sur un plateau de télévision, que Kouchner fait la connaissance de sa nouvelle compagne, Christine Ockrent, présentatrice du 20 heures, « à l'époque plus célèbre que lui », commente l'une de leurs amies communes. C'est la période d'apprentissage durant laquelle la « Reine Christine » lui apprend comment les journalistes qui comptent peuvent lui ouvrir toutes les portes utiles. Après l'effet miroir – le Bernard de la « phase 1 » ne cessait de répéter qu'il avait toujours rêvé d'être journaliste –, il passe derrière le miroir et développe des relations suivies avec des chroniqueurs politiques parisiens qui l'informent sur l'évolution des rapports de forces internes au microcosme, et avec des journalistes de politique étrangère, principalement britanniques et américains, « raccord » avec sa vision du monde.

Phase 3 : l'allergie. À l'occasion d'un de ses voyages à New York en 2000, quelque peu inconscient, un journaliste correspondant de Radio France internationale (RFI) aux Nations-Unies l'interroge sur ses relations d'amitié avec une jeune Kosovare, relations susceptibles de faire douter de son objectivité

---

1. *Cf.* Chapitre V.

« onusienne » dans le traitement des villages de la minorité serbe du Kosovo. Oubliant ses rêves d'antan où il se voyait en correspondant de guerre, l'ex- et futur ministre manque de lui casser la figure. Suite à cet incident, Bernard Kouchner aura très longtemps boudé RFI, refusant toutes les demandes d'entretiens avec « la Radio du monde », jusqu'à ce que son épouse en prenne la direction. Depuis lors, les relations avec la station s'en trouvent considérablement simplifiées...

Le vendredi 29 août 2008, Natalie Nougayrède, journaliste au *Monde*, quitte la Conférence des ambassadeurs, encadrée par deux policiers en civil, sous le regard médusé de quelques excellences. La journaliste a été déclarée *persona non grata* par Bernard Kouchner en personne. Cette démonstration de force est l'aboutissement de plusieurs mois d'hostilité du Quai envers cette journaliste dont la rigueur est pourtant souvent saluée par la profession. Ne recevant plus les communiqués du ministère, se voyant opposer des réponses négatives à toutes ses demandes d'interview, la journaliste a été mise à l'index par le cabinet du ministre. Un conseiller a même téléphoné à plusieurs reprises à la direction du *Monde* pour demander que la jeune femme soit mutée et s'occupe d'une autre rubrique. Le quotidien a heureusement refusé d'obtempérer.

« Schématiquement, quand le ministère dit "blanc", elle va vérifier auprès des spécialistes du domaine évoqué ou des diplomates des pays concernés, en Europe ou ailleurs ; cela la conduit parfois à écrire : "La France dit que c'est blanc, mais, en fait, c'est plutôt gris." Kouchner n'apprécie pas, écrit Augustin Scalbert[1] ; les papiers du *Monde* sur différents dossiers chauds – la guerre (ou les "opérations", selon le jargon du Quai) en Afghanistan, le cyclone en Birmanie, l'envoi de l'Eufor au Tchad – ont fait grincer des dents dans l'entourage du ministre. Tout comme le portrait-bilan publié le 2 juillet, où Nougayrède soulignait les contradictions de l'ex-humanitaire devenu ministre régalien. »

Les journalistes de la presse diplomatique gardent en mémoire un accrochage sévère entre le ministre et la journaliste au cours un voyage au Venezuela et en Colombie, avant la libération d'Ingrid Bétancourt. Dans l'avion, Natalie Nougayrède questionne Bernard Kouchner sur la nomination de sa compagne Christine Ockrent à la tête de l'Audiovisuel extérieur de la France qui chapeaute RFI, TV5Monde et France 24, et, surtout, sur les risques de conflits d'intérêts qui en découlent. Kouchner explose et lâche une bordée de noms d'oiseaux...

---

1. « Bernard Kouchner, un ministre galère pour les journalistes », publié sur *Rue89* (http:www.rue89.com), 29 mai 2008.

Ultime aboutissement et traitement de choc de cette phase 3, on l'a vu au chapitre précédent : les licenciements de journalistes qui ne partagent pas ou se refusent à propager sans discernement la vision du monde des hôtes du Quai d'Orsay.

XII

L'Afrique, le fric...

Bernard Kouchner n'a pas toujours été un homme intéressé. Au début de sa carrière, il affichait un altruisme de bon aloi. Le *French doctor* avait proposé et fait admettre que le travail bénévole devienne l'un des trois objectifs assignés à Médecins du Monde. Joignant l'action à la parole, il avait même fait don à son association des 10 000 francs du prix du Médecin de l'année 1979 que lui avait remis le magazine *Impact Médecin*. Kouchner a ainsi forgé une partie de sa légende sur le bénévolat. Sa proximité affichée avec l'abbé Pierre[1] a pu, par la suite, contribuer à confirmer cette image de désintéressement.

---

1. Ils ont écrit ensemble *Dieu et les hommes*, chez Robert Laffont, 1993.

Depuis cette époque fondatrice, les Français n'ont pas paru relever les changements intervenus dans le comportement de celui qui est devenu l'homme politique le plus populaire du pays. Il y a bien longtemps que le « bénévole » est devenu *addict*, comme on dit aujourd'hui, aux avantages accessoires que peut procurer la fréquentation des palais de la République. Ses relations se sont transformées. On l'a vu apprécier le luxe du yacht de Bernard Tapie au temps de sa splendeur, puis la douceur de l'air du golfe de Sperone, en Corse, aux côtés de *people* dont Jacques Séguéla est la figure emblématique, enfin le confort moelleux des riads de Marrakech avec les amis Bernard-Henri Lévy et Arielle Dombasle...

Depuis lors, le train de vie du couple Kouchner-Ockrent l'a conduit à des dérapages qui font tache sur leurs uniformes respectifs de « chevalier blanc de l'humanitaire » et de journaliste professionnelle intègre, « à l'américaine ». L'un comme l'autre ont accoutumé à conclure des arrangements de plus en plus élastiques avec la déontologie et la morale républicaine dont ils demeurent, aux yeux du bon peuple, des parangons. J'en ai découvert quelques-uns, éloquents à défaut sans doute d'être exhaustifs.

Le premier de ces arrangements date du début de l'année 1993. Kouchner invite alors Bernard Debré au ministère de la Santé. Le ministre annonce au chef de service d'urologie de l'hôpital Cochin, quelque peu surpris, une subvention ministérielle de 100 000 francs pour les « œuvres africaines » de sa Fondation, et engage une conversation sur ses possibles successeurs à la tête du ministère.

– T'es pas intéressé ? lance Bernard Kouchner au chirurgien.

Bernard Kouchner parle comme s'il était dans le secret des dieux... Bernard Debré lui répond que, de toute façon, il n'est pas intéressé par toute fonction qui l'obligerait à abandonner son service d'urologie.

Fin février 1993, comme se profile la défaite des socialistes aux législatives des 21 et 28 mars et la fin du gouvernement Bérégovoy, Philippe Alexandre, éditorialiste politique à RTL, annonce par téléphone à Bernard Debré que tous les ministres de gauche seront recasés, notamment Bernard Kouchner, lequel deviendrait professeur à Cochin.

– Ça m'étonnerait, il m'en aurait parlé, lui rétorque, sûr de lui, le professeur Debré qui lui rapporte par le menu sa conversation avec le ministre de la Santé.

Du coup, le lendemain, la chronique de Philippe Alexandre donne le beau rôle à Kouchner, seul socialiste à avoir eu l'élégance de ne pas organiser sa reconversion avant l'alternance.

Maldonne ! Quelques jours plus tard, l'AFP annonce la future nomination de Kouchner à Cochin... Bernard Debré s'insurge contre le « coup de piston » manifeste que constitue cette nomination, puisque Kouchner, ancien externe, n'a pas les titres suffisants pour postuler à une telle fonction. Sans compter le sentiment toujours désagréable de s'être fait « balader ». Il riposte à la radio et dans la presse. La polémique enfle.

Le 16 mars, Bernard Debré s'emporte sur France Info, jugeant « inadmissible que l'on nomme professeur un ministre qui s'en va. Les titres de professeurs associés sont réservés aux étrangers que l'on veut associer pour leurs connaissances ou leurs recherches fondamentales dans tel ou tel domaine. Cette candidature est humiliante pour les autres professeurs. Il suffit maintenant d'avoir sa carte du PS pour être nommé professeur ! Je ne vois pas pourquoi mes élèves se remettraient à travailler, puisqu'il suffit de trouver son poste dans une pochette surprise ! »

Argument de Kouchner : sa candidature a fait l'objet d'un vote unanime du comité de gestion de la faculté de médecine de l'hôpital Cochin. Omettant de préciser que le ministre exerçait la tutelle sur la faculté au moment de cette délicate délibération !

Pour devenir effective, cette candidature devait encore être validée au mois de juin suivant par le conseil national des universités. Or, le ministre ne remplissait pas les conditions nécessaires (en termes de publications, notamment) pour être habilité. Sauf arrangements avec le Ciel...

Au cours d'une conférence de presse promptement organisée en compagnie de Jack Lang, le *French doctor* réplique que sa candidature à Cochin ne bénéficie d'aucun « passe-droit ou piston » : « Si on ne veut pas de moi, j'irai à Harvard » ou à Boston, ajoute-t-il. Peu après, le cabinet du ministre de la Santé précise que le poste de Cochin était prévu pour une durée d'un an, renouvelable une fois, et qu'il s'agissait en outre d'un emploi vacant qui n'était pas pris sur le contingent national des postes à pourvoir.

Conscient de la médiocrité de ses arguments et pour mettre fin à toute contestation, Kouchner jette l'éponge. Il choisit de s'épancher auprès d'un journaliste du *Monde*, affirmant n'avoir pas voulu alimenter cette polémique « intolérante et vulgaire ». Le ministre tente une nouvelle fois de se justifier en rappelant qu'il avait créé en 1975, à l'hôpital de la Pitié-Salpêtrière, à Paris, le premier certificat de médecine et de chirurgie en situation de catastrophe. Il annonce à Franck Nouchi qu'il va reprendre ses activités de gastro-entérologue et « faire de la médecine humanitaire ailleurs », insistant sur la proposition qu'il a reçue de l'université de Californie-

Los Angeles (UCLA). Ce n'est pas – pas encore – Harvard ou Boston, mais c'est déjà l'Amérique !

En guise de coup de pied de l'âne, Kouchner déclare que, contrairement aux affirmations du professeur Debré, il n'a « jamais rien demandé à personne », concluant son attaque par une sortie assassine visant le fils de Michel Debré : « Je ne confonds pas, moi, l'hérédité et le talent. »

L'année suivante, en 1994, Bernard Kouchner devient député européen sur la liste conduite par Michel Rocard. Petite ruse pour arrondir les fins de mois : il se fait alors domicilier à Sperone. Comme l'administration du Parlement est peu regardante, comme le remboursement des frais de voyage est automatique et, à l'époque, sans présentation de justificatifs, cette domiciliation permet de « gratter » chaque semaine, sur la base de trois fois le tarif normal, la différence entre trois fois le prix du billet aller-retour Paris-Bruxelles (ou Strasbourg), et trois fois le prix du billet aller-retour Ajaccio-Bruxelles (ou Strasbourg)...

Mais les meilleures sinécures ont une fin. Entré dans le gouvernement Jospin en 1997 comme secrétaire d'État auprès du ministre de l'Emploi et de la Solidarité, chargé de la Santé, Bernard Kouchner ne va pas au terme de son mandat de député européen.

Puis quitte ses fonctions ministérielles en juillet 1999 pour celles d'administrateur provisoire du Kosovo ; il est à tête de la mission de l'ONU jusqu'en janvier 2001, date à laquelle il réintègre le gouvernement Jospin comme ministre de la Santé.

Mais voici que devient plausible la victoire de Jacques Chirac à l'élection présidentielle de mai 2002. Le voilà alors à nouveau à la recherche d'un point de chute professionnel. Il s'agit cette fois d'éviter la mésaventure de 1993. L'atterrissage au Conservatoire national des arts et métiers (CNAM) semble la bonne solution. Les règles de création de chaires au CNAM s'accommodent en effet plus facilement du fait du prince que celles de l'hôpital Cochin. Le ministère de l'Enseignement supérieur dispose d'un « droit de tirage » pour créer une chaire « sur mesures », et imposer son titulaire. Une procédure spéciale est même prévue, avec passage du postulant devant le conseil de perfectionnement, puis devant le conseil d'administration. Ce type de recrutement est très mal vécu par les enseignants.

Bernard Kouchner se retrouve donc titulaire de la chaire « Santé et Développement », avec un confortable salaire mensuel de fonctionnaire de catégorie A[1] et un statut définitif de fonctionnaire. Ce qu'un universitaire met des années et des années à obtenir, le

---

1. Aujourd'hui, plus de 5 000 euros.

French doctor le décroche en quelques coups de bigophone !

Ce modeste havre universitaire ne saurait évidemment suffire au grand homme. Il se dégote également un poste d'enseignant en santé publique à Harvard et ne néglige pas de prospecter des sources de revenus complémentaires, qu'ils soient modiques ou importants. Kouchner signe ainsi un article dans le cadre d'une campagne institutionnelle de Pfizer, premier laboratoire pharmaceutique du monde, sur « la Santé d'âge en âge », signature éminemment monnayable. Comme l'appétit vient en mangeant, dit le proverbe, il se lance aussi dans le très lucratif métier de consultant.

Mal lui en prend : car, comme on va le voir, la révélation de son premier contrat lui vaut pour la première fois de violentes attaques de la part d'associations de défense des droits de l'homme dont il était jusque-là très proche. Première tache sur la blouse immaculée du *French doctor*...

En décembre 2002, Kouchner accompagne en Birmanie son épouse, envoyée en mission par le magazine féminin *Elle* afin de rédiger un portrait de la dirigeante de l'opposition à la junte, Aung San Suu Kyi, alors libre – pour peu de temps – de ses mouvements. En présence de l'ex-ministre, celle qui obtint le Prix Nobel de la paix en 1991 déclare à Christine Ockrent : « Nous devons refuser toute forme d'aide qui ne profiterait qu'à la clique au pouvoir. »

À son retour de Birmanie, Bernard Kouchner est sollicité par l'un des avocats de Total, Me Jean Veil, fils de son amie Simone Veil. On aimerait lui confier une « mission d'enquête » sur l'action médico-sociale du groupe pétrolier en Birmanie. L'ancien ministre de la Santé et de l'Action humanitaire retourne donc en Birmanie du 25 au 29 mars 2003. Il se rend sur le site du gazoduc de Yadana[1], qui fait de Total le premier investisseur étranger du pays. « Rentré à Paris, écrit *Le Monde*[2], il sait que la quasi-totalité des sociétés occidentales boycottent la dictature. Deux mois après la réincarcération d'Aung San Suu Kyi, fin mai, les États-Unis renforceront le mouvement en infligeant des sanctions aux entreprises américaines travaillant avec ce pays. En novembre, la British American Tobacco est aussi partie. » Kouchner savait-il que, depuis octobre 2002, une juge de Nanterre – ancienne collaboratrice de son cabinet, de surcroît – avait ouvert une information judiciaire pour

---

1. Le chantier du gazoduc de Yadana fait l'objet d'une *joint venture* entre Total, Unocal, la MOGE (Myanmar Oil and Gas Enterprise, entreprise d'État birmane) et la PPT-EP (entreprise thaïlandaise).
2. En date du 5 janvier 2004.

297

« crime de séquestration » (le crime de travail forcé n'existant pas en droit français) à l'encontre de Total[1] ? Les plaignants birmans estiment que le « travail forcé » n'a pas seulement accompagné la sécurisation du gazoduc, mission à la charge de Total, mais aussi son aménagement et sa construction même.

Près de dix ans après l'arrivée de Total dans le pays et la signature avec la MOGE, en juillet 1992, du contrat de partage de la production d'une nappe de gaz sous-marine, dans le golfe de Martaban, à environ 70 kilomètres des côtes, la situation reste désespérément inchangée en Birmanie. Aucune ouverture : l'armée refuse de partager le pouvoir tout en laissant croire à la réalité de certains gestes – notamment à une « feuille de route » vers la démocratie, mais dépourvue de calendrier, ne mentionnant pas même le nom d'Aung San Suu Kyi – destinés à calmer l'opinion internationale.

Sur ce plan, le rapport que rédige Bernard Kouchner recommande à Total de se prononcer « clairement sur la nécessité démocratique » en Birmanie, et d'exiger la « remise en liberté » de la célèbre prisonnière qui, de son côté, assouplirait alors sa position à l'égard des pétroliers étrangers.

---

1. In *Le Canard enchaîné* du 6 janvier 2004.

Le rapport de B.K. Conseil est immédiatement publié sur le site Internet de Total[1]. Son auteur y est présenté ainsi : « Homme politique engagé connaissant personnellement Mme Aung San Suu Kyi, Bernard Kouchner avait toute l'expérience requise pour être un observateur critique et impartial de l'action de Total en Birmanie. »

« Ce programme socio-économique est la meilleure publicité pour Total. Une sorte de bureau en ville, un *show room*... », écrit le *French doctor* dans son rapport. Mais, sur l'essentiel, c'est-à-dire le travail forcé des populations locales dont Total est accusé d'avoir profité autour de 1995, il n'hésite pas à affirmer : « Le chantier a employé 2 500 personnes [...]. Toutes bénéficièrent d'un contrat écrit, de salaires réguliers, d'une protection sociale et de normes reconnues. N'oublions pas que, pour détestable qu'il soit, le recours au travail forcé est une coutume ancienne, qui fut même légalisée par les Anglais en 1907... »

Le « rapporteur » missionné par Total se prononce en faveur d'un engagement constructif avec la dictature : « Fallait-il répondre aux appels d'offre et installer ce gazoduc en Birmanie ? Je le crois. » Et de conclure : « L'époque n'est plus à l'embargo et au boycott. »

Voilà une prise de position en totale contradiction

---

1. http://birmanie.total.com/

avec ses convictions d'antan. Ainsi, dans sa préface à l'ouvrage publié en 1994 par les éditions Dagorno, *Dossier noir Birmanie*[1], Kouchner avait qualifié la junte de « narcodictature » ; il recommandait alors d'« imposer à la junte birmane des sanctions économiques », tout en ayant conscience que de telles sanctions « heurtent bien souvent l'intérêt des États, dont la France qui, comme beaucoup d'autres, commerce avec les généraux *via* ses industries pétrolières ».

Pour justifier son revirement, Kouchner expliquera n'avoir pas « fait d'enquête » à l'époque, « mais un certain nombre de Prix Nobel, dont mon ami Elie Wiesel, prétendaient l'avoir menée pour moi[2] ».

Pour la rédaction d'un rapport de dix-neuf pages intitulé « Relation de voyage et découverte d'une industrie muette (après l'arrestation d'Aung San Suu Kyi) », B.K. Conseil perçoit la somme de 25 000 euros. Ce qui vaut à celui qui était réputé « intouchable » une première et sérieuse série d'attaques. Même la Fédération internationale des Droits de l'homme regrette « que Bernard Kouchner ait prêté son nom à cette opération de relations publiques du groupe Total à un moment où le groupe doit enfin rendre des comptes à la justice[3] ». Kouchner est

---

1. Collectif, Dagorno, 1994.
2. In *Libération, op. cit.*
3. Notons cependant que les plaignants birmans n'ont pas obtenu gain de cause en justice sur la complicité de Total dans

obligé de ferrailler pour se défendre. La presse lui rappelle ses engagements antérieurs, notamment le fait qu'il avait cosigné un texte avec le Dalaï Lama pour soutenir Aung San Suu Kyi. Il répond qu'il ne modifiera pas une virgule à ses écrits. « Rien ne me laisse à penser que le groupe ait pu prêter la main à des activités contraires aux droits de l'homme », déclare-t-il au *Monde*. Sur les faits allégués de « travail forcé », il ajoute : « Je suis sûr à 95 % que les gens de Total ne sont pas capables de faire ça, ce ne sont pas des esclavagistes. » Il assure par ailleurs n'avoir « certainement pas fait ça pour de l'argent[1] ». (« Je gagne la moitié en une conférence ! ») Voilà en tout cas une précision intéressante sur ses tarifs de conférencier.

Chat échaudé craint l'eau froide : désormais, Bernard Kouchner va se passer des services de la société B.K. Conseil, médiatiquement « grillée ».

D'autres occasions d'arrondir les fins de mois s'of-

---

le travail forcé sur le chantier du gazoduc en Birmanie. La plainte déposée en Belgique n'a rien donné. Une autre plainte, déposée en France, a en revanche donné lieu à un accord entre la société Total et les plaignants dont l'association s'est vu octroyer la somme de 5,2 millions d'euros pour la création d'un fonds de solidarité avec les victimes birmanes du travail forcé.

1. Prudent, après les attaques qu'il a essuyées, Kouchner a reversé les 25 000 euros à trois associations humanitaires.

frent cependant au *French doctor*. Alors qu'il officiait au secrétariat d'État en charge de la Santé, il s'était beaucoup mobilisé pour lutter contre le sida dans les pays du Sud. Dès 1997, lors de la Conférence d'Abidjan, il avait exprimé, en présence de Jacques Chirac, sa volonté d'agir pour permettre un égal accès aux traitements antirétroviraux et aux soins des malades vivant avec le sida dans les pays riches comme dans les pays émergents. Cinq ans plus tard, en mars 2002, peu avant la fin du premier septennat de Chirac, Kouchner crée le Groupement d'intérêt public Esther (Ensemble pour une solidarité thérapeutique hospitalière en réseau) associant des équipes hospitalières du Nord avec des pays du Sud. Esther devient ainsi un outil d'intervention de la France dans le cadre de sa politique d'aide au développement en matière de santé. L'initiative reçoit le soutien de Kofi Annan, alors secrétaire général des Nations-Unies.

Dès la création du Gip Esther, l'Espagne, l'Italie et le Luxembourg décident de se joindre au dispositif : est alors créé le réseau Esther des partenaires européens, dont le secrétariat est assuré par le Gip Esther.

Esther devient ainsi rapidement un acteur important auprès des gouvernements africains : il les aide à définir leur politique de santé publique, à mettre en place de nouvelles structures hospitalières et la formation de personnels. Il s'emploie en outre à collecter des financements internationaux alloués à la santé auprès d'organismes tels que le Fonds mondial de lutte contre le sida, la tuberculose et le paludisme – à la création duquel Bernard Kouchner a participé –, ou encore l'Onusida...

Quand Kouchner décide en 2002 de s'installer professionnellement sur le créneau « Santé et développement », il inscrit sa nouvelle activité professionnelle dans le prolongement de son action ministérielle. Mais ses moyens institutionnels ne sont plus à la hauteur de ses ambitions, même si ses réseaux français et internationaux restent impressionnants. Il peut donner des cours brillants à Paris et à Harvard, mobiliser de grands noms pour intervenir devant ses étudiants, tenir des conférences et participer à des colloques aux quatre coins de la planète, moyennant des honoraires du même ordre de grandeur que ceux rétribuant les « ménages » de son épouse ; il peut encore continuer à donner son avis sur tout dans les médias, toujours demandeurs. Mais ces multiples activités sont loin de rassasier un ego tyrannique. Bernard Kouchner a la conviction qu'il peut et doit être utile à l'humanité entière, pas seulement à quelques centaines d'étudiants...

D'où l'idée qui jaillit dans son cerveau fécond : obtenir la présidence du groupement d'intérêt public Esther, qui lui assure une plus grande marge de manœuvre et une plus grande surface publique et relationnelle. La clé se trouve à Matignon. Ça tombe bien : le couple Kouchner-Ockrent y dispose d'un très bon moyen d'accès en la personne de Dominique Ambiel, conseiller en communication de Jean-Pierre Raffarin. Ambiel a d'abord été l'ami de Christine Ockrent avant de devenir celui du couple. Il est de surcroît un voisin de la villa corse de ce dernier. Depuis l'arrivée de Jean-Pierre Raffarin à Matignon, le docteur et la journaliste dînent régulièrement avec le tout-puissant Ambiel. Dans le courant 2003, le couple s'ouvre à leur ami du désir de Bernard d'être nommé à la tête d'Esther, et des avantages que pourraient retirer la France et... son Premier ministre de cette représentation. Dominique Ambiel en parle à Raffarin qui accepte de recevoir Kouchner. Le courant entre les deux hommes passe. Le 22 novembre 2003, Raffarin fait nommer[1] Kouchner président d'Esther.

Cette nomination vient à point nommé pour relancer la carrière publique et internationale du *French doctor*. Elle lui ouvre bien des portes. Il se retrouve en effet à la tête d'une structure aux ramifications multiples en Europe, en Afrique et dans les organisations internationales. Il va pouvoir sauter d'un avion

---

1. Avec l'accord bienveillant de Jean-François Mattei, ministre de la Santé, qui a la tutelle du Gip Esther.

dans l'autre, enchaîner les conférences officielles, taper dans le dos des ministres et sur le ventre des journalistes... Et se retrouver au centre de négociations ouvrant sur la possibilité, pour ses interlocuteurs, d'espérer, *via* leurs bonnes relations avec le nouveau maître d'Esther, des subsides dans le domaine de la santé.

Bernard Kouchner est-il conscient du parti qu'il peut tirer de cette « casquette publique » pour ses activités de consultant ? Le 8 janvier 2004, il crée une EURL (société en nom personnel), BK Consultants, et dépose à sa banque 3 000 euros en espèces, qui en constituent le capital. Pour son activité, nul besoin d'investissements par trop dispendieux. L'objet social ? Le conseil en développement durable ainsi qu'en matière de santé publique.

Désormais, Bernard Kouchner rencontrera donc les décideurs en matière de santé publique des pays du Sud, essentiellement en Afrique, au double titre de patron d'Esther, de qui les ministres des pays visités espèrent des subventions, et de patron d'une société de consultants à laquelle ils sont susceptibles – le mélange des genres implique un tel risque – de confier des missions plus ou moins indispensables, plus ou moins lucratives...

Dès le 19 janvier 2004, Bernard Kouchner est à Matignon aux côtés de Jean-Pierre Raffarin à l'occasion d'une réunion de travail. Objet : faire le point sur les activités et les objectifs d'Esther. Le message lancé à l'issue de cette réunion est clair : la France et son Premier ministre soutiennent à plcin Bernard Kouchner et son action au sein du réseau Esther de coopération internationale dans la lutte contre le sida. « Nous doublerons dans les dix-huit mois les moyens qui sont accordés à Esther pour [lui] donner une dimension supplémentaire et surtout changer l'échelle de notre action[1] », déclare le Premier ministre. En nommant Kouchner, Jean-Pierre Raffarin « a voulu montrer la continuité de l'État sur un engagement particulièrement important qui dépasse toutes les frontières », explique benoîtement le Premier ministre qui rappelle que l'objectif de ce programme est de favoriser une bonne utilisation des médicaments anti-rétroviraux au bénéfice des malades du sida dans les pays en voie de développement.

Le message de Jean-Pierre Raffarin est reçu cinq sur cinq par les principaux acteurs du Sud et du Nord. De nombreux Africains intéressés par la lutte contre le sida participent d'ailleurs à la réunion, ainsi que le successeur de Bernard Kouchner à la Santé, Jean-François Mattei, et le ministre délégué à la Coopération, Pierre-André Wiltzer. Sont également présents

---

1. Dotée initialement d'un budget de 16 millions d'euros pour trois ans.

les représentants des sept pays du Nord qui envisagent de rejoindre le programme Esther – États-Unis, Allemagne, Grande-Bretagne, Suède, Autriche, Belgique et Portugal – ainsi que des associations et des organisations internationales, dont l'Organisation mondiale de la santé (OMS).

Grâce à cet adoubement, Bernard Kouchner réintègre le milieu sélect des grands décideurs de la santé publique, et dispose d'un puissant levier pour agir à l'échelle internationale. Dès le mois de mars 2004, l'Allemagne, l'Autriche, la Belgique et le Portugal intègrent le réseau. Le 15, Bernard Kouchner copréside une conférence ministérielle au Luxembourg sur Esther. Toujours en 2004, il signe un protocole avec l'OMS pour travailler en synergie avec elle. Il élabore ensuite une déclaration commune avec le Fonds mondial de lutte contre le sida, la tuberculose et le paludisme, afin qu'Esther appuie la mise en œuvre des programmes qu'il finance. Il passe un protocole d'accord avec le Programme alimentaire mondial...

Ainsi, en dépit d'un budget modeste, Esther parvient à accéder à des sources de financement non négligeables pour les pays du Sud qui acceptent de mettre en œuvre avec lui les programmes. Et Kouchner d'élargir rapidement le nombre de pays dans lesquels Esther peut intervenir.

La première trace de son activité de consultant privé en Afrique apparaît le 1er juillet 2004 dans la

Lettre du Continent : « Omar Bongo ne manque pas d'"amis" pour sauver le système de santé gabonais avant la présidentielle de 2005. Bernard Kouchner doit revenir dans les prochains jours à Libreville avec un audit et des propositions pour la création d'une sécurité sociale. Le "bon docteur" intervient dans le cadre du cabinet Imeda. » Ces quelques lignes apprennent aux lecteurs que Bernard Kouchner est déjà venu à Libreville pour proposer ses services. Il ne s'y était pas présenté sous l'étiquette de B.K. Consultants, mais sous celle d'Imeda. Le site Internet d'Imeda que j'ai consulté quand j'ai entamé cette enquête confirmait l'information de la *Lettre du Continent* en indiquant que cette société de conseil avait bien effectué un audit du système de santé gabonais démarré en novembre 2003, avait élaboré un plan national de développement sanitaire et mis en place un système national d'assurance maladie amorcé en avril 2004. Le site désignait également Bernard Kouchner comme associé à ces deux études d'Imeda au Gabon. Le lecteur curieux ne peut plus vérifier cette information, le site s'étant volatilisé en novembre 2008. Faut-il lier cette disparition à la recherche menée sur le même sujet que moi par plusieurs autres journalistes, voire à ma propre visite ?

Mais il n'est guère compliqué de prouver qu'à partir de l'année 2004 Bernard Kouchner fréquentait le

130, boulevard Saint-Germain où est installé le siège d'Imeda. Les bureaux sont situés juste au-dessus de l'entrée de la cour de commerce Saint-André, avec vue sur la statue de Danton, bras tendu, dans un geste ardent, au moment où il s'écrie : « Pour vaincre les ennemis de la France, que faut-il ? De l'audace, encore de l'audace, toujours de l'audace ! » Bernard Kouchner retrouvait là deux hommes qui ont créé trois sociétés installées au carrefour de l'Odéon : Éric Danon et Jacques Baudouin.

Quand on analyse le *curriculum vitae* d'Éric Danon, né en 1957, on imagine d'abord un surdoué au QI dépassant largement le score de 150 : Normale Sup, agrégation de Physique, Sciences-Po, ENA... Sa carrière est tout aussi diversifiée que ses études, avec plusieurs allers et retours entre secteur public et secteur privé. Il entre au Quai d'Orsay en 1986 et rejoint deux ans plus tard le cabinet de Roland Dumas. En 1991, il change d'orientation et rejoint l'Aérospatiale, puis, toujours dans le privé, devient directeur général d'Agralex, société spécialisée dans le négoce de produits agro-alimentaires. Il y reste deux ans avant de revenir au Quai d'Orsay pour y occuper, cette fois, le poste de sous-directeur de la sécurité. En 1999, il devient directeur de cabinet de Charles Josselin, alors ministre de la Coopération. En 2001, il quitte le Quai d'Orsay pour revenir dans le privé et monter les sociétés en question avec Jacques Baudouin.

Le CV de ce dernier n'a rien à envier à celui de son voisin de bureau et associé, mais dans un tout autre registre. Il est en effet diplômé d'archéologie, de grec et d'hébreu. Écrivain, il est l'auteur du *Mandarin blanc*[1], de *L'Homme de Jade*[2] et d'un essai, *1818, l'atelier du monde*[3]. Il est aussi directeur de la revue *Monde chinois*, et vice-président de l'Institut Choiseul pour les relations internationales. Il a enfin été éditeur et agent littéraire. Il est passé au cabinet d'Alain Juppé Premier ministre, comme rédacteur de discours et d'interventions.

Les deux hommes ont donc créé, le 14 janvier 2002, une SARL dénommée Danomex, au capital de 10 000 euros, dont le gérant est Jacques Baudouin ; le 21 février 2002, celui-ci crée Africa Steps, au capital de 10 000 euros ; enfin le 25 juin, Imeda International Medical Alliance est créé, moyennant également un capital de 10 000 euros qui font l'objet d'un dépôt en espèces à la Belgolaise, banque qui travaille avec l'Afrique, filiale du groupe Fortis. L'objet social de la société est de « participer à l'amélioration des systèmes de santé en Afrique ». La

---

1. Lattès, 1999.
2. Lattès, 2001.
3. Le Rocher, 2002.

quasi-totalité du capital d'Imeda est détenue par Danomex.

La disparition du site Internet d'Imeda qui détaillait les interventions de la société en Afrique empêche de dresser un tableau global de ses activités entre 2002 et 2007. Je ne connais que les prestations d'Imeda dans deux pays où Bernard Kouchner est intervenu personnellement : le Gabon et le Congo [1]. Dans l'esprit des présidents de ces pays, respectivement Omar Bongo et Sassou Nguesso, qui ont donné ordre à leurs ministres de signer des contrats avec Imeda, cette société se confond à l'évidence avec Bernard Kouchner. Ce dernier les a en effet démarchés personnellement à plusieurs reprises à Libreville et Brazzaville. Et on peut raisonnablement émettre l'hypothèse que sans son intervention, les deux chefs d'État n'auraient peut-être pas signé de contrats avec Imeda, ou en tout cas pas aux mêmes tarifs. Car les contrats en question ont été en effet très généreux.

Au Gabon, le montant des contrats passés par Imeda et Africa Steps est de 1 735 916 870 francs CFA, soit 2 646 388 euros. Le premier versement, de 500 millions CFA, soit 762 245 euros, à Imeda, a été

---

1. Il en existe peut-être d'autres. Imeda a ainsi obtenu un contrat sur la micro-assurance au Tchad. Bernard Kouchner entretient par ailleurs de très bons rapports avec le président tchadien Idriss Déby.

effectué le 19 janvier 2004 ; le second, à Africa Steps, de 700 millions CFA, soit 1 067 143 euros. Fin 2006, le gouvernement gabonais devait encore 817 000 euros aux deux sociétés pour honorer complètement les contrats signés.

Depuis 2004, la petite entreprise du Carrefour de l'Odéon ne connaît pas la crise. Elle a été renforcée par l'arrivée du docteur Jean-Élie Malkin, qui a racheté près de la moitié des parts d'Éric Danon dans Imeda après avoir intégré en avril 2003 le département médical d'Esther. En même temps qu'Imeda vendait ses conseils, Bernard Kouchner continuait d'agir aux quatre coins du monde au titre de président d'Esther. Ainsi, le 13 octobre 2006, il intervient comme modérateur dans l'un des débats du sommet européen des chefs d'entreprise contre le sida, organisé par le ministère des Affaires étrangères. Il n'est pas venu seul pour encadrer la manifestation : Éric Danon y est rapporteur, Christine Ockrent y modère elle aussi un débat.

S'il fait miroiter sa notoriété, son expérience d'ancien ministre de la Santé et son carnet d'adresses, et s'il valorise sa place très « originale » sur l'échiquier politique français (en prise sur la gauche, mais aussi bien sur la droite), Kouchner n'a pas pour autant renoncé à revenir au pouvoir, alors même que les sondages donnent Nicolas Sarkozy gagnant à la prochaine élection présidentielle. Dès le mois de décembre 2006, alors qu'il soutient explicitement Ségolène Royal, il annonce qu'il n'hésiterait pas à participer à un gouvernement d'union nationale si Sarkozy était élu président !

À quelle date se confirment ses chances de s'installer au Quai d'Orsay ? Selon Le Nouvel Observateur, « au cours d'un déjeuner organisé au début d'avril 2007, soit deux semaines avant le premier tour de l'élection présidentielle, le futur président avait testé son invité : "Si je suis élu, accepterais-tu de devenir mon ministre des Affaires étrangères ?" Nicolas Sarkozy fixe Bernard Kouchner dans les yeux. La scène se passe dans le bureau du ministre de l'Intérieur, place Beauvau. C'est Bernard Tapie qui a organisé ce rendez-vous secret à la demande de Brice Hortefeux. Sarkozy est persuadé d'être élu. Kouchner, soutien de Ségolène Royal, est la principale cible de sa stratégie d'ouverture [1]. » On peut aisément conclure de cette anecdote qui n'a pas été démentie que Bernard Kouchner, avant début avril, espérait bien être ministre, quel que soit le vainqueur de l'élection.

Quoi qu'il en soit de ces grandes espérances, le consultant se démène pour obtenir de nouveaux

---

1. Le Nouvel Observateur n° 2288 du 11 septembre 2008.

contrats au Congo. Il se rend par trois fois à Brazzaville durant cette période pour y rencontrer le président Sassou et plusieurs de ses ministres. Il entend bien placer une étude sur le système de santé au Congo, et, en prolongement, un projet d'assurance-maladie et une autre étude sur la réhabilitation du CHU de Brazzaville. Les deux contrats seront signés en mars 2007 dans le bureau d'un ami de Bernard Kouchner, Nicolas Normand, ambassadeur de France au Congo depuis janvier 2007. En présence de Bernard Kouchner, Éric Danon et un ministre congolais paraphent les conventions. De beaux contrats qui représentent en tout la coquette somme de 1,8 million d'euros. Alors qu'aucune ligne des rapports commandés n'a encore été écrite, les Français demandent et obtiennent pour Imeda un premier versement de 600 000 euros [1] sur le projet de réhabilitation du CHU de Brazzaville. Le président Sassou se montre particulièrement intéressé par ce projet qui doit déboucher sur des travaux de 20 milliards CFA. Que lui a dit Bernard Kouchner au sujet du financement de ces travaux ?

---

1. Un premier rapport d'étape sur le système de santé et le projet d'assurance-maladie a été rendu en juillet 2007 après une étude du docteur Jean-Elie Malkin, l'associé d'Éric Danon dans Imeda, et du docteur Isabelle Stroebel, menée du 18 juin au 26 juillet. Le rapport d'étape sur la réhabilitation du CHUB a été rendu en même temps.

Bernard Kouchner est nommé ministre le 18 mai 2007. Il s'entoure de vieux compagnons de route rencontrés dans l'humanitaire, à ses postes ministériels précédents, au Kosovo, mais aussi dans son nouveau métier de consultant. Il nomme ainsi Jacques Baudouin, créateur d'Africa Steps et associé d'Éric Danon, responsable de la presse et de la communication à son cabinet.

Le 4 juillet 2007, le président Sassou reçoit Jean-Marie Bockel, nouveau secrétaire d'État à la Coopération, à l'hôtel Meurice, à Paris. Convaincu qu'il lui sera donné satisfaction, il se présente à Bockel avec une impressionnante *shopping list* comprenant notamment le financement de la rénovation du CHU de Brazzaville, comme s'il était persuadé que son contrat avec Imeda vaut engagement de la France. Mais Bockel lui rétorque qu'il n'en est pas question. Le courant passe mal entre les deux hommes. Sassou en réfère alors directement au président Sarkozy, lequel rassure le président congolais : le schéma de la coopération sera revu en septembre, et il obtiendra ce qu'il souhaite.

Bockel organise la résistance contre les projets congolais qu'il interprète comme une déplorable queue de comète de la Françafrique. Il découvrira plus tard que la demande de Sassou sur le CHU est probablement une conséquence directe de la rencontre de mars 2007 à l'ambassade de France à Brazzaville, décrite plus haut et dont il ignorait jusque-là l'existence.

Mais ce n'est pas tout. Sitôt installé au Quai d'Orsay, Bernard Kouchner fait nommer son ami Éric Danon ambassadeur extraordinaire à Monaco. Cette nomination est officialisée dans le *Journal officiel* du 8 août 2007. Dans les jours qui précèdent son entrée en fonction, le nouvel ambassadeur, qui n'oublie pas qu'il est toujours patron d'Imeda, fait feu de tout bois pour faire honorer les factures impayées émises par la société. Le Gabon n'a toujours pas soldé un reliquat de 817 000 euros pour lequel Kouchner et lui, Danon, avaient pourtant obtenu à plusieurs reprises des assurances du chef de l'État et de Paul Toungui, son ministre de l'Économie et des Finances, suite à l'envoi, le 16 février 2007, d'une facture récapitulative. Le 21 mars 2007, à l'occasion d'une visite privée d'Omar Bongo à Paris, Kouchner, pas encore ministre, abordant ses prestations, avait même « accepté d'apporter sa caution morale au vaste plan de réhabilitation des hôpitaux gabonais actuellement mis sur pied[1] ». Kouchner avait alors compris que Bongo ferait le nécessaire pour que ses services honorent la signature du gouvernement de Libreville. Devenu ministre des Affaires étrangères, il a encore

---

1. In LePoint.fr, 22 juin 2007.

eu l'occasion de remettre la question sur le tapis, le 25 mai, lors de la première visite d'Omar Bongo au président Sarkozy, à Paris. C'est donc bien un ministre français en exercice qui peut suggérer au président gabonais en exercice de régler une facture en souffrance qui le concerne directement ou indirectement. La preuve ? Le 3 août, soit cinq jours avant l'officialisation de sa nomination au *Journal Officiel*, Éric Danon, confortablement installé dans sa résidence du domaine Saint-Basile, à Mougins, envoie un fax[1] à Blaise Loembe, trésorier payeur général du Gabon, pour lui rappeler qu'*ils* (sous-entendu : le ministre des Affaires étrangères et lui-même) ont obtenu toutes les assurances d'Omar Bongo concernant le règlement de cette facture. Il lui demande en conséquence de « bien vouloir (en) effectuer le paiement avec la plus grande diligence ». Précisant même : « Nous avons reçu le mois dernier de Son Excellence le chef de l'État l'assurance que notre dernière facture serait rapidement honorée. »

Mais, au début du mois de septembre 2007, alors qu'Éric Danon est officiellement installé à Monaco comme ambassadeur extraordinaire de la République française tout en restant patron d'Imeda, le Gabon n'a toujours pas réglé les 817 000 euros dus à cette

---

1. Dans *Le Monde* daté du 14 janvier 2009, Éric Danon parle à ce propos d'un simple « acte de gestion ».

société et à Africa Steps. Le vendredi 7 septembre, l'ambassadeur quitte le Rocher pour regagner sa villa de Mougins et envoie dans la soirée un nouveau fax au trésorier payeur général du Gabon pour lui réclamer le règlement de la facture. Cette fois, il fait état d'un entretien avec Omar Bongo et d'une « conversation aujourd'hui même avec le ministre d'État Paul Toungui », lequel lui a recommandé de transmettre au trésorier la dernière facture en attente [1]. Finalement, la

---

1. Après la publication, le 12 janvier 2009, sur le site Marianne2, de quelques extraits du présent chapitre, Bernard Kouchner a fait diffuser le communiqué suivant :

COMMUNIQUÉ DE BERNARD KOUCHNER, MINISTRE DES AFFAIRES ÉTRANGÈRES ET EUROPÉENNES :

« Pour répondre à certaines allégations inexactes diffusées sur un site internet, Bernard Kouchner tient à faire préciser :

« Depuis sa prise de fonction en tant que ministre des Affaires étrangères et européennes, Bernard Kouchner a cessé toute activité au sein des sociétés B.K. Conseil et B.K. Consultants. La société B.K. Conseil a été dissoute le 18 mai 2007. Depuis la nomination du ministre, B.K. Consultants n'a plus aucune activité commerciale et ne saurait avoir perçu quelque rémunération que ce soit.

Le ministre dément formellement « avoir fait passer des prestations de conseil et d'audit sous l'égide de trois sociétés ».

Bernard Kouchner n'a jamais appartenu à la société Imeda dont il était l'un des consultants et n'avait donc aucune raison de se préoccuper du règlement des factures de celle-ci. S'il a pu être amené à évoquer son rapport sur l'Assurance maladie au Gabon avec le président Bongo, c'est uniquement pour s'in-

première moitié de cette dette (403 500 euros) ne sera payée à Imeda que le 24 janvier 2008, soit neuf jours après que Jean-Marie Bockel, secrétaire d'État français chargé de la Coopération et de la Francophonie, donc placé sous l'autorité de Bernard Kouchner, aura dans ses vœux à la presse, exhorté le président Nicolas Sarkozy de signer l'acte de décès de la Françafrique !

Tous les Gabonais – ils sont assez nombreux – instruits des relations d'affaires entre le ministre des

---

former de l'état d'avancement de la mise en œuvre de la loi née de ce rapport.

Le travail de Bernard Kouchner sur ce projet d'Assurance maladie au Gabon était notoirement connu des médias gabonais et a fait l'objet d'une communication publique au cours des États généraux de la santé à Libreville.

L'activité de Bernard Kouchner comme président fondateur du Gip Esther était une activité purement bénévole exercée dans le cadre des décisions prises par le conseil d'administration. C'est le Gip Esther qui a permis notamment les nombreux jumelages hospitaliers entre pays européens et pays en développement, en particulier dans le domaine du sida.

Bernard Kouchner s'enorgueillit d'avoir toujours mené, dans ses diverses fonctions et dans le cadre strict des règles de celles-ci, un combat permanent en faveur de la santé publique en Afrique.

Bernard Kouchner se réserve le droit d'engager des poursuites judiciaires pour prévenir ou sanctionner toutes allégations mensongères à son égard, et en a chargé Me Georges Kiejman. »

Affaires étrangères français et le Gabon sont alors très étonnés, voire choqués par une telle attaque émanant d'un subordonné du ministre. Dans un communiqué officiel publié à l'issue d'un Conseil des ministres présidé par Omar Bongo, les Gabonais estiment que « le secrétaire d'État a tenu un certain nombre de propos qui ne sauraient laisser sans réaction les partenaires africains de la France ». Le gouvernement gabonais fait part de « sa surprise » de constater que, « depuis l'arrivée à la tête de la France du président Nicolas Sarkozy, (sont) véhiculés à un tel niveau de responsabilités des clichés méprisants faisant des États africains de vulgaires mendiants sollicitant sans fin l'aumône de la France. Le Gabon s'étonne de cette attitude, d'autant plus inacceptable quand on sait les avantages que tirent la France et les autres États occidentaux de leurs rapports économiques avec notre pays depuis toujours, avantages mutuels par ailleurs », poursuit le communiqué. « Et si la France estime que l'Afrique lui coûte cher, il lui revient souverainement d'en tirer les conclusions sans être obligée de se justifier de façon aussi péremptoire. Car l'Afrique saura trouver assurément des partenaires plus respectueux de la dignité de ses peuples et de la souveraineté de ses États. »

La sortie fracassante de Bockel provoque une grave crise entre les deux pays. Ivre de rage, Bongo téléphone à son beau-père Sassou, puis à Biya, président du Cameroun, afin que les trois chefs d'État demandent conjointement la peau de Bockel. Sassou accueille d'autant plus favorablement cette idée que lui aussi a fait signer à son gouvernement deux gros contrats à Imeda. À eux deux, le Gabon et le Congo ont commandé pour près de 4,6 millions d'euros de rapports à Imeda et à Africa Steps ! Ils en veulent beaucoup à Kouchner d'avoir laissé son secrétaire d'État tenir des propos qu'ils considèrent comme désobligeants.

Passablement ébranlés et rendus méfiants, les responsables du Gabon ordonnent néanmoins, le 11 mars 2008, le virement du solde de 403 500 euros dû à Imeda. Bockel, pour sa part, est débarqué le 19 mars 2008 et se retrouve au ministère des Anciens combattants.

Cette affaire va faire une autre « victime » collatérale de la fronde des chefs d'État africains. Bongo achemine sur l'Élysée des documents témoignant des dernières interventions de l'ambassadeur de France à Monaco auprès du gouvernement gabonais en vue de récupérer les créances d'Imeda. Nicolas Sarkozy serait tombé des nues à la lecture de ces documents. Et il aurait estimé que leur éventuelle publication se révélerait fort dommageable pour son gouvernement. Éric Danon est débarqué de son poste à Monaco.

Même s'il est exact que les relations entre le prince Albert et l'ambassadeur n'étaient pas des plus chaleureuses, la mutation d'Éric Danon a peut-être obéi à d'autres considérations... Le 26 mars 2008, l'ambassadeur extraordinaire quitte le Rocher et est nommé représentant de la France à la Conférence du désarmement à Genève.

Un responsable d'un organisme public nommé par le Premier ministre peut-il opportunément rendre visite à un ministre d'un pays étranger à la fois sous sa casquette officielle et sous celle de consultant privé ? Peut-il effectuer des prestations privées pour des pays avec lesquels son gouvernement entretient des relations de grande proximité ? Ce qui est par ailleurs avéré, c'est que l'article 23 de la Constitution interdit aux ministres d'exercer une activité professionnelle ; or la société B.K. Consultants n'est pas radiée du registre du Commerce.

Voici quelques années, Dominique Strauss-Kahn a failli disparaître de la scène politique lorsqu'il est apparu qu'entre deux postes ministériels il avait facturé des honoraires d'avocat à la société Vivendi dans le cadre d'une étude sur la MNEF. Sur le plan strictement juridique, il n'y avait pas grand-chose à redire : n'étant plus ministre, on ne pouvait directement lui faire grief d'un conflit d'intérêt. Certes, l'avocat DSK n'ignorait pas que son riche client lui voyait un avenir politique très prometteur qu'à ce titre il convenait de ne pas se montrer trop regardant sur le montant des honoraires suggérés ni sur les conseils dispensés consistant à ménager l'organisation étudiante. Juridiquement peu attaquable, la pratique n'en était pas moins moralement discutable.

Les faits rapportés ici font en revanche apparaître un possible conflit d'intérêts : les sociétés « amies » pour lesquelles Bernard Kouchner a effectué des missions en plusieurs États africains ont perçu la modique somme de 4,6 millions d'euros. Au moment de la signature de ces contrats, Kouchner n'était pas ministre, mais occupait déjà un poste de responsabilité public et international confié à lui par le gouvernement Raffarin, et ses interlocuteurs pouvaient supposer qu'il avait de très bonnes chances de revenir aux affaires.

Bien entendu, les apparences sont sauves : le ministre Kouchner n'est pas directement actionnaire de la société Imeda qui a facturé ses prestations aux États gabonais et congolais (et sans doute à d'autres États). Il a cependant lui-même favorisé ces contrats et exécuté certaines des prestations ; surtout, il a recruté au ministère dont il a la charge les deux fondateurs de la société en question.

Bernard Kouchner a cessé d'aller, le dos ployé sous les sacs de riz destinés à soulager la misère du monde. Cambré, la mine satisfaite, attentif à offrir aux objectifs, selon le lieu et l'heure, un sourire avantageux ou un regard embué par l'émotion, il estime s'être hissé, fût-ce sur la pointe des pieds, au niveau des grands de la planète. Il a rompu avec ses attaches de gauche, et, plus récemment, il a tiré un trait sur son « droit-de-l'hommisme » exacerbé, peut-être plus difficile à invoquer pour lui dans le contexte des bombes au phosphore israéliennes lâchées sur Gaza. De fait, on voit mal notre ancien *French doctor* convaincre, en ces premières semaines de 2009, le président Sarkozy de profiter d'une tournée de bons offices au Proche-Orient pour effectuer une virée surprise dans l'enclave palestinienne afin d'y obtenir la réouverture durable de « couloirs humanitaires », comme il le fit naguère avec le président Mitterrand pour faire rouvrir l'aéroport de Sarajevo.

À force de renoncements, l'ancien bénévole de Médecins sans frontières aura fait une victime de ce qui lui était le plus cher : l'image qu'il voulait donner de lui-même et à laquelle il sera, à ce train, le dernier à croire.

Table

Composé par Nord Compo Multimédia
7, rue de Fives, 59650 Villeneuve-d'Ascq

Impression réalisée par
CPI BRODARD ET TAUPIN
La Flèche

pour le compte des Éditions Fayard
en janvier 2009

Imprimé en France
Dépôt légal : janvier 2009
N° d'impression : 51061
35-57-4957-3/01